Herbert Schnädelbach

Kant Eine Einführung

現代の古典カント

ヘルベルト・シュネーデルバッハ
長倉誠一 訳

未知谷
Publisher Michitani

目次

―― 凡例 ――

1　本書は、„Herbert Schnädelbach, Kant Eine Einführung, Stuttgart 2018."の邦訳である。これは、文庫版に先立って、同じレクラム（Reclam）社から、„Grundwissen Philosophie Kant, Leipzig 2005."として出版されたことを確認している。二〇〇五年版では、文中に入れ込んであった引用文を、二〇一八年のレクラム文庫版では取り出す形に編集し直しているが、それ以外の変更は確認していない。

2　シュネーデルバッハは、『純粋理性批判』を除いて、カントの著作からの引用ページとして、それぞれの著作の初版や第二版のページを記している。それによれば、「AとBはそのつどカントの著作の第一版と第二版を表示する。頁表示は、カントのどの版でも同様とする。例えば、Log A 25 は、Logik, 1. Aufl., S. 25.（論理学の第一版、二五ページ）。著作名がないたんなるAまたはBは、常に『純粋理性批判』の第一版または第二版を意味する」。ところが、目下のところわが国では、『純粋理性批判』以外については、アカデミー版のページを記すのが通例である。そこで本書では、［　］内にアカデミー版の巻とページを補った。『純粋理性批判』については、シュネーデルバッハの表記そのままである。

3　ドイツ語の原本中には明らかな引用ページ数の誤記もあったが、いちいち注記せず、それらは訳者の責任で訂正した。

4　邦訳本文中の［　］内挿入はすべて訳者による。また邦訳に際して、ごくわずかの箇所で〈　〉を利用した。原注は数字を、訳注は＊を付し各段落末に挿入した。

現代の古典カント

序章　**カント、現代の古典的哲学者**

二〇〇四年にはイマヌエル・カント没後二〇〇年を迎え、彼はいろいろな仕方で追憶された。なんという名前だろう――四角張った（カンティヒ）強固なプロテスタントの名前。モーツァルトやゲーテのように心に響くものではなく、むしろ崇敬を命じ、委縮させる名である。カントは難解で不可解である。「超越論的」という言葉がどんな意味か、あるいは、伝説的な「物自体」によって彼が何を考えているのか、いったい誰が知っているというのだろうか。さらに、カントは、多くの人にとって人差し指を掲げて説教をたれる哲学者として登場する。カントは、彼ら自身のために義務を課したということで――したがって典型的にドイツ的であり――、そのため、先行ファシズム（プレファシスムス）の歴史に分類されたことさえあった（vgl. Ebbinghaus 81 ff.）。さらに比較的最近には、カントは、過度な理性の行き着く先をその経歴が示している合理主義的怪物呼ばわりさえされた（vgl. Böhme/ Böhme）。

年老いて老衰したカントについての奇抜な話は、総じて今日に至るまで、彼に冷静に接し彼のまぼろしから逃れるために役立っている。「見よ、彼もたんに一人の人間だった」というわけである。こうして、カントに対する公的追憶は、おそらく性向よりむしろ義務であり、一般的な文化カレンダーに従う新聞雑誌の責務である。また、精神的偉人を忘れてしまったなら、恥ずべきことであろう。

哲学的討議にあっては、事情はまったく別であり、それに参加する人々にカントを想い出させる必要はない。ここではカントは遍在的に、しかも、簡単には説明されえない自明さで存在している。類似のことが通用するプラトンをひとまず除くなら、次のことが目に留まる。われわれの「偉人たち」アリストテレスからヘーゲル、ニーチェ、ハイデガーまで誰も、われわれ自身の思考の文脈のうちで発言することを、カントのように難なく要求することができない。そのために「おのれの思考の文脈において発言できるので」、カントについての研究はどの図書館をも一杯にする。研究がカントを生かしているのではない。カントが研究を養い、したがって生活の糧として携わるかなり多くの研究者を養っているのである。ゲーテとシラーはそれについて次のように詠んだ。「たった一人の金持ちが、なんとかくも多くの乞食を養っていることか。王が建造する時には、荷車押しが仕事を担わねばならない」(Goethe I, 210)*。カントの著作は、それ以後哲学的革命としてやってきたすべてのことに耐えて生き残った。彼の著作は、十八世紀に根をおろしていたにもかかわらず、時代遅れでないことを絶えず新たに証明した。われわれが、あらゆる彼の答えや情報をたんに受け継ぎうるということではない。だが、カントが語ったことは今日まで絶えず傾聴するように要求しつづけている。どんな他の哲学者も、これほど頻繁に「克服され」、克服された後にすぐまた、聞き流さず発言を求められることはなかったのである。

＊『一七九七年の詩歌年鑑』（通称『クセーニエン年鑑』）一七九六年九月発行、に所収されたもので、見出しは「カントと彼の解釈者たち（Kant und seine Ausleger）」。この『年鑑』所収のものは、ゲーテとシラーが共作とすることに同意したと伝えらえている。ゲーテの著作集に収められているのもそのためである。

時代遅れになろうとしないものを、われわれは「古典的」と呼ぶ。この意味でプラトンはまさに古典的哲学者である。彼によって、そもそも哲学とは何かをわれわれははじめて知る。われわれがプラトンを読むのは、すでにかなり以前から、もはや得心させることができない彼の積極的理論のためではなく、彼の著作の謎めいた、また汲み尽くせぬ力のためであり、この力は、われわれ自身の問いかけを活気づけ、豊かにするものである。そもそも哲学のもろもろの問いかけは、［哲学の］最良の部分であろう。カントはそれに関して「何を理性的な仕方で問うべきかを知ることは、すでに賢さと明敏さの強力な、また欠かせぬ証明である」（B 82）と書いている。カントはみずから、彼によれば「哲学の領野」全体に及びうる有名な四つの問いの形においてそれを証明した。四つの問いとは、「私は何を知りうるのか。私は何を行なうべきか。私は何を希望することが許されるのか。人間とは何か」（Log A 25［IX, 25］）である。これらは古典的な問いである。なぜなら、哲学者としてこれらを問わずに放置しておくことなどありえないだろうからである。だがわれわれは、プラトンとは違ってカントの場合、彼が説いたことを問題としないままにしておくことはできない。彼の答えは彼の発言そのままでわれわれに関係するし、そのためカントの生前から、どんな重要な哲学者も、彼に背きたい場合でさえ、まずはともかくカントに取り組むことを避けるわけにはいかなかったのである。われわれには、哲学史を「カント以前」と「カント以後」の時代に区分することしか残されていない。そしてわれわれはみな、たんに哲学史家であろうとしないなら、「カントに従って」つまり、カントが突き止め、尊重するように教えた諸条件の下で、思考するのである。

　こうしてカントは、われわれの時代の哲学的古典作家、現代（モデルネ）の古典的哲学者である。だがカントは、ちょうど流行中であるという意味で現代的というわけではない。彼の思考は、「最新流行」ではないし、最新のものとか最先端のものの総括ではない。というのも、それらの多くのものはこの間に、時代に制約されたもの、また学問上時代遅れのものであることが明白になったからである。「現代（モデルネ）」とはここではたんに、われわれの文化が近代（ノイツァイト）の趨勢において最終的に身に着けた状態のことを言っているだけである。現代性（モデルニテート）が、われわれの思考や認識や行為の諸原則の領域においてわれわれの態度にとって何を意味しているか、を認識したのが、時代を画するカントの業績であり、これは、問題のあり方にも、それへの答えの可能性と限界にもまさに同様に関係する。われわれは今日比較的異論なく、現代の文化の特徴を示している三つの構造的徴表を挙げることができる。三つの構造的徴表とは、完全な反省性と世俗性（Profanität）と多元性である。カントの場合に、これらの一組の三つがまったく矛盾しない仕方で、〈時節にかなない時代を思考において把握する〉哲学の内部空間においても、共存している様子が観察されうる。

　人間が存在して以来、人間は文化的存在者として生存している。もっともそのことを人間は非常に長い間知らなかった。文化は、おのれをたんに自然なものから区別することができ、それによって文化として把握する場合、反省的である。人間世界と「外部」との区別は、基本的な形ではすでに神話のうちで出会われるが、この区別は、自然というわれわれになじみの概念の起源でもある（Schnädelbach 1991, 517 f.）。文化は、おのれ自身を解説する際には、文化、したがって人間の自由な処理、が及ばないもの――魔神であれ、神々であれ、「例の」自然*であれ――にもはや関係することができない場合、完全に反省的である。こうして現代（モデルネ）においては、文化は、あらゆる物において全面的におのれ自身を参照するように指示されている。文化はおのれ自身の主体である。というのも、ここでは文化的「われわれ」よりもさらに高次の審級は存在しないからである。それにもかかわらずカントは、古典的な哲学の問題を私－形式（**Ich-Form**）において表現しているが、これは、それ［文化的われわれを審級とすること］と矛盾してはいない。というのも、「われわれ」というものは、それ自身ふたたび神話的大きさへと高められないなら、事実、純然たる個々人に基づいて存立するからである。この個々人は、「私が」とも言うことができるためにのみ、「われわれが」と言うことができるのである。こうしてルネ・デカルト（1596～1650）以来の近代の哲学は、まったく当然に自分自身を意識する〈私が－語ること（**Ich-Sagen**）〉、つまり「私は考える、ゆえに私は存在する（*Ego cogito, ergo sum*）」によって始まる。そしてこれは、現代的文化の反省性が反映している哲学的反省による空間である。おのれ自身の主体の役割を引き受けようとするような文化のうちにある哲学は、必然的に主体性［あるいは主観性］の哲学である。

＊「例の（die）」自然としての「自然」は、ここでは「文化」の対極に置かれ魔神や神々と並べられている。この点から、古代の「ピュシス」、つまり、「人間によって形成されていないし、人間の手が加えられないもの」のことであろう。（Vgl. Schnädelbach 1991, 517.）

その場合、さしあたり個人の意識からの方法的出発は、哲学的決着の普遍妥当性を危険にさらすものとはみなされない。なぜなら、十九世紀までは、普遍的な人間本性から出発できると信じられていたからである。普遍的な人間本性は、個人としての私が「私は考える」を介して私について確実に知りうることが、他の誰にでも当てはまることを保証するというわけである。この意味においてカントも、哲学的な〈われわれが－語ること（Wir-Sagen）〉の保証人として「意識一般」（Prol A 82［IV 300］）という言い方をするのである。さらに啓蒙が進展することによってはじめて、それが歴史主義によって問題となった。歴史主義は、人間が自分について知っていることは、つねに、自分が生活しているその都度の歴史的かつ文化的状況によって条件づけられていると認識している。こうして、歴史主義は、カントの「意識一般」を「歴史的意識」によって補完するのだが、この「歴史的意識」は、歴史的なことに関する意識として自分自身を歴史的意識として把握するものである（vgl. Schnädelbach 1983, 51 ff.）。

この方法的個人主義は、たしかにたんに理論的な企てではない。哲学する者を、あらゆる常識に反して、まずもって全面的におのれの自我とおのれの意識へと戻るように動かしうるものは何か、と自問するなら、その場合われわれはデカルトのもとで答えを見いだす。それは懐疑である。ただし、疑いのための懐疑ではなく、主観的にさえ確実である知を求める探究における懐疑である。ともあれ主観的確実性は、伝統や権威の力に依存せずに、知における自律を、それと共に卓越して実践的なことを、つまりあらゆる事柄における理性的自立性を意味している。そこで近代哲学の原理である主観的［あるいは主体的］理性は、必然的に同時に、みずから理解できないことは何も通用させようとしない批判的理性である。カントがその場合示したことは、これが必然的に理性の自己批判を含むこと、したがって理性批判を欠くどんな理性的哲学も存在しえないことである。そのため彼の三「批判」、つまり、純粋理性批判、実践理性批判、判断力批判という途方もない大仕事が存在したわけである。こうして、文化の完全な反省性が一八〇〇年ごろに西洋で受け入れられ始めるのだが、この反省性は、カントの著作では、哲学がわれわれの理性として説明しようとするものの内的構造のなかにまで及んでいる。

完全に反省的な文化は、同時に世俗的な文化である。世俗的なのは、現世的なもの、つまり、神聖なものの前庭にとどまるものである。そしてこれが、文化的現代の諸原理のもとでまさしく事実である。ここでは、政治的権力はもはや神の恩恵によって存在するのではない。政治的権力は民衆に由来している。法体系は、もはや神の命令を執行するのではなく、人間によって定められた法を執行するのであり、道徳の領域においてさえ、宗教は私的な事柄である。自律的になった批判的理性もまた、世俗的である。近代の哲学者たちは、この理性をもはやストア派やスコラ哲学のように神的な世界理性の反映とは解さず、たんなる自然の事実と解する。この自然の事実はなるほど神によって創造されたのかもしれないが、だがこのことは、彼らの自己解釈にとっては何の意味ももはやもたない。とはいえ批判的理性のこの自律は、同時に問題と重荷を意味する。カントは理性批判を裁判手続きと比較している（vgl. B 779）。その場合、理性そのものによる理性の批判が問題なのだから、理性は、被告人と原告と弁護士と裁判官という異なる役割をみずから引き受けねばならない。外的な審級は活動していないのである。この奇妙さは、世俗性の諸条件下にある理性の完全な反省性の代価である。加えてこの代価は、批判的理性の原理がまったく一貫して遂行される場合、自己確実（ゼルプストゲヴィス）な主観性に基づかない客観性はもはや存在できない、という事実によって増加する――これはかなり危険な状況である。カントに先立つ近代の哲学者たちは、それに対してまだ尻込みしていた。彼らは、最高で必然的な存在者としての神の存在を証明できると信じていたのであり、この神のもとでおのれの思考のための支柱を探していた。われわれは今日、神証明は原理的に不可能であるとするカントの証明が、同時代の人々に対してどのような衝撃であったのかをかろうじて推測することができる。その場合、聖書の神は、絶対者のパースペクティヴを信用した世界解釈の崩壊ほどには問題でなかった。カントによれば、われわれはおのれ自身の主観的理性をもっているにすぎないが、この理性は、誤りを犯しうる理性であり、絶えず批判を必要としている。そして批判はそれだけでいまや、われわれが普遍妥当性や客観性を要求することによって背負う重荷を支えなければならないのである。

カント自身には、独断的形而上学として、つまり、根拠づけることのできない形而上学としておのれが放置し去らねばならなかったものとの批判的別離は、たいへん困難であった。神が存在しえないということは、カントにとっても彼の同時代人にとっても理解しがたい思想であった。このことは、魂の不死に対しても意志の自由に対しても当てはまることだった。意志の自由は、自然法則を無効にすると思われるという理由から、今日まで近代の世界像のなかにまったくうまく収まろうとしない。ハインリヒ・ハイネは、カントによる神証明の論駁とフランス革命とを比較し、王の処刑をそれ［神証明の論駁］と比べれば無邪気なこととみなした。というのも、「世界の支配者［神］は、証明されることなく、血まみれで倒れている」ということが今では認められているからである。ところがカントは結局、突然意見を変えて、自分の年老いた使用人ランペを（おそらくは自分自身をも）慰めるために、死せる神を後から追加でふたたび担ぎ出した、といわれている（vgl. Heine, 250 f.）。この伝説はそれ以来頻繁に繰り返されたが、それによって真実により近づくことはなかった。神と自由と不死性とは、カントによれば、学問や道徳を基礎づける原理ではなく、たんに要請、つまり、われわれがおのれを学問的認識や道徳的行為の能力をもった存在者とみなす場合に、われわれに抗いがたく押し寄せてくる必然的思想である。カントが「正直」であること、つまり、理由を欠いている何事をも信じ込んだり詐取したりしないことは、いつもはカントに対してかなり相反する関係をもっていたニーチェでさえ承認していた。カントからわれわれ現代人を区別しているのは、神信仰や永遠の生への期待が喪失していることがわれわれにはもはや何の支障もないと思われることである。それでもわれわれはまったく順調に生活しうるのである。では自由についてはどうだろうか。最近、脳科学者が自由を断念するようにわれわれを説得している（Roth/Singer）が、それに反抗する限り、われわれは好ましいカント主義者であり続けるのである。

　ところで文化の完全な反省性は、世俗性のみならず、多元性をも意味する。文化が、神の啓示や指示を仰がずとも間に合う生活連関と捉えられさえしたなら、文化には、その世界解釈と行為規範そのものを発見してそれに責任を負うことしか残されていない。だがその場合文化は、必然的に評価の定まらないものである。というのも、その検討に加わろうとする人がいつもたくさんいるからである。そのため現代の文化は、人間の任意な処理とは縁遠い「自然な」あるいは神によって定められた「手段」、を欠いた文化である。この意味で現代の諸文化は、分散的であり、いろいろな文化的な力とか審級の協力関係のうちでのみ、また十分頻繁に起こることだがそれらの間の衝突のなかで維持される。まさにこの意味で、ハインリヒ・リッケルトは、一九二四年のカント生誕二〇〇年に刊行された本のなかでカントを現代文化の哲学者と称えた。そのなかでリッケルトは、マックス・ヴェーバーによる西洋の合理化のモデルを再び詳しく取り上げつつ、現代文化の本質的特徴を描き出し、カントに次のような功績を認めた。

カントはヨーロッパの最初の思想家として、特別に現代的な文化問題一般に対する学問的解答を可能にする最も普遍的な理論的基礎を創造した。なかでも次のことが証明されうる。カントの三つの大きな批判書において提示されているように、彼の思考は「批判的」、つまり区分し、限界を引くという意味でのものであったが、これによって彼の思考は、原理的に、文化の自立化と差異化の過程に対応することである。この過程は、近代の開始から事実上実行されていたが、とはいえカントより前の哲学のうちではまだ理論的な表現を見いだしていなかったものである（Rickert 141）。

文化の自立化と差異化は、マックス・ヴェーバーが行為体系や価値領域、生活形式や世界像の差別化や自律化として記述したものを意味する。これら世界像などの最後に「価値の多神論」が、したがって、最終かつ最高の生活方針（レーベンスオリエンティールング）の多元論が置かれている。この多元論のうちで、人間理性は然るべき道を見つけなければならないのである（vgl. Weber 474 ff., insbes. 500. Herbermas I, 225 ff.）。

近代文化が、あらゆる部分領域を一定の方向に向かわせうるどんな中心も持っていないということは、近代文化の誕生以来、「離間（エントツヴァイウング）」とか「疎外」とか「中心の喪失」として嘆かれている。われわれの伝統では、この場合とくにジャン＝ジャック・ルソー（1712～78）が唱道者であった。こうしてルソーは、ドイツロマン派の祖先に、そして全体性と和解というこの派が掲げる夢の祖先になった。これらの夢は、われわれの現代にまで続いている。この場合ロマン派そのものは、現代の（modern）現象である。ドイツロマン派は現代性（モデルニテート）の経験を前提としているわけである。ドイツロマン派は、簡単にその経験を否認するわけではないが、それを放置しようとする。そのためロマン派のビジョンは通例は、たんに過ぎ去ったことを郷愁的にせがむことであるよりむしろ、ユートピアの先取りである。ドイツ観念論の哲学は、すでにカントと共に始まるのではなく、ヨハン・ゴットリープ・フィヒテ（1762～1814）と共に初めて始まり、ヘーゲル（ゲオルク・ヴィルヘルム・フリードリヒ・ヘーゲル（1770～1831））の体系においてその頂点に達するが、この哲学をロマン的と呼ぶことはできない。とはいえ、ドイツ観念論の哲学は、なるほど近代精神（モデルネ）を把握するが、同時にそれを克服する視点へと移る点でロマン派と一致している。これに対してカントはこの場合、アドルノにまで至るすべてのヘーゲル主義者のもとでのように、「反省哲学者」(vgl. Hegel 2, 25 ff. und 287 ff.) として登場する。つまり、真なることを全体として把握するという哲学の本来の課題 (vgl. Hegel 3, 24) をあきらめ、かたくなにおのれの主観性のうちでやりくりする思想家として登場する。

この間に、遅くとも全体主義の経験は、かのロマン派の全体性への憧憬からわれわれを解き放ってくれたはずだった。この憧憬の信奉者たちが大抵見過ごしているのは、近代の基礎づけ主義のように自由に敵対するイデオロギーだけが、ここで申し出る［議論に加わる］ことができるということである。われわれは、現代の文化においてわれわれの自由を保証しているのは多元性である、それどころか諸原理の対立であるということを学んだ。諸原理が全面的に唯一の超原理から導出されなければならず、この超原理が、可能なら政治的な力によって管理されねばならないというイメージは、われわれに恐怖を抱かせるものでしかない。文化の諸原理の多元性を伴なう現代の文化のなかで、われわれの自由は、諸自由の多元性を内容としている。これらの自由はそれ自身、対立しながらわれわれの文化の現代性を形成している一連の基礎的諸区別にもとづく。存在することから、存在すべきことは帰結しない。したがって学問は、われわれが何を行なうべきかをわれわれに語る権限をもっていない。道徳や政治は独立の基盤をもち、理論家たちによる絶対的支配は排除されているが、このことは逆に学問の自由を意味している。道徳と政治はそれとしては、何らの宗教的土台も必要としない。このことはさらに、宗教を、人間に礼儀を教えるべきであるという過度な要求から解放する。芸術はもはや宗教や道徳の下女ではない。芸術を政治の道具として利用することは、近代以前の時代には誰も不快に思わなかったが、そのような利用は今日では美学的冒瀆行為とみなされている。これらすべてのことをカントは、彼以前の誰も成しえなかったことだが、把握するに至り、それに論拠を与えたが、これらの論拠は今日でも依然、有効性を保ち続けている。この理由からしても、カントは現代の古典的哲学者である。

　問題はたしかに、現代の多元性が内的なまとまりを必要としないかどうかである。実際、多元性は、さまざまな原理間の可能な争いをわれわれが考慮するなら、この争いが公然たる戦争に移行することもまさによく見られるのだから、最後の言葉［つまり確定事項］ではありえない。この場合カントの道徳原理、定言命法が打開策を提供する。カントはヘーゲル（2, 461 ff.）以来、繰り返し形式主義的だと非難されたし、また、定言命法によってなにもかも、犯罪ですら道徳的に正当化しうるし、義務に高めうると主張された（vgl. Ebbinghaus, insbes, 85 ff.）。このことは、第二次世界大戦後、なぜカント主義的ドイツ人たちがヒットラーに義務感から没落に至るまで従ったのかを説明すると思われた。実際、定言命法は形式的であり、カントが「格率」と呼んでいるわれわれのその都度の行為原則は、われわれに任されているのである。とはいえ定言命法は、われわれが格率を普遍妥当的な法則として考え、また欲することができるかどうかを吟味してみるようにわれわれに要求する。そして格率は、普遍妥当的な法則として考え、また欲することができる場合にのみ、道徳的であるとされる。これは形式主義とは何の関係もない。というのも、そうした吟味の際には、多くの格率が不道徳なこととして排除されるのだからである。もっとも、カント倫理学の形式的な側面は、われわれがどう生きるかについての決定はわれわれ自身にまかせ、それが、自分と違う他人の自由な決定と折り合うかについて熟考することだけをわれわれに義務づける、という長所をもっている。そうした熟慮からカントによれば、形式的法秩序の思想が結果として生じる。この思想は、人間を操るのではなく、たんに彼らの間の平和を保証するのである。こうしてカントは、現代の諸条件下での平和の哲学者である、つまり、多元性を開始し活発にする平和秩序の哲学者である。

この導入［本書］は、カントの思考を規定した大きな諸区別を手掛かりとしてカント哲学へと導こうとするものである。これらの区別において、文化的近代（Moderne）は概念的な媒体のうちで発言を申し出る。「学問と啓蒙」「物自体と現象」「感性と悟性」「悟性と理性」「自然と自由」「存在と当為」「義務と傾向性」「道徳と法と政治」「知と信仰」「理性と人間」。これらの大きな区別はどれも、繰り返し「カントを乗り越える者たち」を挑発した。なぜなら、それらは哲学の最終の言葉ではありえないからである。この場合カントを乗り越える者たちがたえず見逃したのは、カントによる［上記の］対立が全部、われわれの理性の有限性を表現していることである。誰が有限性を考えたのかということに対するヘーゲルの論拠は、だがすでに有限性を越え出ているとされる。というのも、有限性を考えうるためにはすでに無限性を考えたに違いないからというのである。このヘーゲルの論拠は今日まで多くの人を説得し、そこで彼らはカントを越え出ることができると信じたのだった。これに対して、現代の諸条件の下では有限性はもはや、事象に関して無限性を指示することはなく、せいぜい文法的に指示する、と言われるべきである。何を「無限的」が意味するのかをわれわれが理解するといっても、この事実はまだ、われわれの理性を、〈われわれの理性によって、すべてのパースペクティヴのなかの絶対的パースペクティヴという神の立場をわれわれが占めるという意味で〉無限とみなす権限をわれわれに与えるものではない。しかもカント自身が、われわれが全体や無限なものや絶対的なものを、思考の際にまさに考慮に入れることは避けられないと承認していた。もっともわれわれには、それらのものと認識要求とを結合することはできない、あるいはまったくわれわれの生活をそれらに適合させることはできないのである。

第一章　学問と啓蒙

(一)　啓蒙とは何か

学問と啓蒙との関係がカント哲学の中心問題であることは、誰の目にも明らかだというわけではない。われわれの文化史の時代区分では、カントが生きた時代は、世紀末の少し前に「啓蒙の時代」（Aufkl A 491［VIII, 40］）とも呼ばれた世紀である。「啓蒙」はそれ以来、たいてい時代を画する概念として使用されている。その場合啓蒙は、一つの歴史的現象として、したがって一つのまとまった事件として登場する（以下の点についてはさらに、vgl. Schnädelbach 2004, 66f.）。とはいえ、内容からみて啓蒙とは何なのか。カントの有名な報告は、啓蒙とは「人間が、みずからに責任がある（selbstverschuldet）未成年［つまり未成熟］から脱すること」（Aufkl A 481［VIII, 35］）だとしている。この報告における〈みずからに責任がある〉という表現は、当惑させるかもしれないが、とはいえ、啓蒙のもつ成年［つまり成熟］への関係を適切に表現することには成功している。さらにカントの命題「いつもみずから考えるという格率が啓蒙である」（Denk A 329［VIII, 146Anm.］）を付け加えるなら、啓蒙は、たんに一時代を画する事柄にすぎないわけではない。むしろ啓蒙は、人間がおのれの「悟性を、他人の導きによらずに使用し」（Aufkl A 481［VIII, 35］）、思考においても行為においても「理性的自立」（Mittelstraß 13）を得ようと努めることに着手するならどこでも生じるものである。

＊　「学問」は、ドイツ語なら Wissenschaft であり、英語なら science であり、「科学」である。学問と科学とが異なるように受けとられるのは、「科学者」が「自然科学者」に限定されるからであろう。日本語の「科学」は西周によって science の訳語として採用されたものであるが、西は「学問」と「科学」を別のものとして紹介している。「学は人の性においてよくその智を開き、術は人の性においてよくその能を益すものなり。しかるにこのごとく学と術とはその趣旨を異にするといえども、いわゆる科学にいたりては両相あい混じて、判然区別すべからざるあり」（『明六雑誌』第二十二号（明治七（一八七四）年）。この発言は、science の語源に忠実なものではなく、むしろ十九世紀末ヨーロッパの科学技術の隆盛を反映したものと思われる。語源を辿れば、science の方は、ラテン語 scientia（知あるいは知識）の仏訳を介してフランシス・ベーコンにより、フランス語の綴りのまま英語として採用されたものであった。scientia（知、知識）は scio（知る）に由来するものであるが、ドイツ語の Wissenschaft と動詞 wissen（知る）も、ラテン語と同様の意味合いを保っている。

いずれにせよ、science は今日の日本語の語感では優勢になっているように思われる「技術知」「自然科学の知」という意味には限定されない。scientist という語を「自然科学を実践する者のみに限定する使い方」は、ヒューエルにはじまる。「ウィリアム・ヒューエルは一八四〇年出版の著書『機能的科学の哲学』でこの語を用いている。しかし、この語の初出は一八三四年の論文だった」（C・P・スノー著、松井巻之助訳『二つの文化と科学革命』みすず書房、二〇一一年）とされる。とはいえ、scientist が、公的な文書で採用されるようになったのは20世紀になってから、自然科学者の社会的役割の増大に伴って定着した後発のものである。形成史をみれば science は「自然科学」に限定されるものではないことは、「人文科学」や「社会科学」という言葉をみても明らかである。「自然科学」などの特例を除いて、Wissenschaft を「科学」ではなく「学問」と邦訳したのは、以上のことを念頭に置いたものであるが、それに加えて、「学問としての形而上学」との訳語上の統一に配慮したためでもある。

それは、デカルトの場合にはじめて事例となったわけではない。われわれは普通デカルトと共に近代の哲学を開始させるし、デカルトは、おのれの時代の教養や学問を多く経験した後で「ほとんど強制されたも同然に」、おのれの「作業そのものを引き受ける」自分を発見したと報告している（Descartes, Abh 13）。［こうであるとはいえ、デカルトによってはじめて理性的自立が実行されたわけではない。］すでにソクラテスが、対話篇『クリトン』のなかで次のように語っている。「というのも、今だけでなく前々から私は、研究に際して最善のこととして私に明らかになる原則（ロゴス）以外の私のうちの何にも従わないからである」(Platon, Kriton 46b)。これによってソクラテスは、神を認めず青年を堕落させる者として彼に有罪判決を下した伝統の権力に対抗して、まったく自分自身と自分の洞察に依拠していたわけである。多くの人々も彼の後、まさにこのことにおのれの生命を賭した。同時代の人々は、ソクラテスとソフィストを区別することを知らなかったのだが、ソフィストたちは、彼らの懐疑的で批判的な態度のため、伝統的な信念や生活形式には反しており、同時代人たちには嫌悪の対象であった。ソフィストという言葉を最初に使ったプロタゴラスは、逃亡によってソクラテスの運命［つまり、死刑判決を受けたソクラテスのような運命］を逃れたのだった。このような次第で、一般に「ソフィスト的啓蒙」という言い方がなされる。ソフィストたちは、決して屁理屈をこねる曲解者でも哲学的いかさま師でもない。これらの蔑称は由来を辿ればプラトンによるソフィストに対する論駁に負っている。むしろソフィストは、「強靭な精神の持ち主」(Nietzsche III, 730) であり、伝統的見方をもはや信頼せず、おのれ自身の判断を信頼する危険をあえて引き受けたのであった。

啓蒙がたんに歴史的な意味に尽きず文化の再帰性を示すことは、一般に認められている。近代の啓蒙は、学問との体系的結合関係をもつことによって、もちろんソフィスト的啓蒙からは区別される。ソフィストははっきりと、当時学問とみなされていたこと、つまりいわゆるソクラテス以前の哲学者の宇宙論的思弁に背を向け、結局は人間に、おのれ固有の事柄つまり人間の要件に関心を向けるように要求した。プロタゴラスはその有名な文「(それぞれの)人間は、万物の尺度であり、存在する物に対しては、それが存在することの、存在しない物に対しては、それが存在しないことの尺度である」(Platon, Theätet 152a)によって、そのことを基本的に正当化しようとしていた。存在するものや存在の仕方が、それぞれの人間に違うように現象する場合、プロタゴラスより先に自然哲学者たちが試みていたような、存在者についての普遍的な学問は意味をなさない。ソクラテスもまた、われわれがプラトンを通して知っているように、自然に対しては関心をもっていない。つまり「ペンや木は私に何も教えない、だがおそらく都市のなかの人間は別である」(Platon, Phaidros 230 d)というわけである。だがプラトン的ソクラテスは、啓蒙の仕事が、たとえ人間世界の領域においてたんにロゴスのもとに留まるにせよ、基礎を欠いていると認識していた。ロゴスは、あれこれの人にその折々に最善のものとして現われるが、とはいえ、現実的にも最善であるわけではない。そのためソクラテスは、人間の態度や行為が、敬虔である、勇敢である、公正である等々といえるための正しい規定を不断に求めつづける。そしてこれが、彼によれば、敬虔なこととそのもの、勇敢なこととそのもの、公正なこととそのもの等々である。ここでは、われわれがプラトンのイデア論として知っていることが、さらに後にはソフィストやソクラテスによって無視された理論哲学の領域にまで及ぶことが起こっている。こうしてプラトンは、おのれの哲学において、ソフィスト的でソクラテス的な啓蒙の遺産を学問性への要求と結合しようと試みたのであった。

カントは、彼に先立ってプラトンがそうであったのと似た状況にあった。一七八一年、したがって彼の有名な啓蒙論文に先立つこと三年前、カントは『純粋理性批判』の序文で次のように記している。

われわれの時代は本来的な批判の時代であり、この批判にあらゆるものが従わねばならない。宗教はその神聖性によって、立法はその威厳によって、一般に批判から逃れようとする。だがその場合宗教も立法も、おのれに対する公正な疑念を呼び起こすし、偽りのない尊敬を要求することはできない。理性はそうした尊敬を、その自由で公的な吟味をパスすることができたことに対してのみ承認する（A XI）。

批判、批判的な吟味や判定――これは、ソクラテスやデカルトを手本にして、おのれ自身の洞察を、それと共に主観的自立の原理を知において主張する人々の実践である。カントの後、この態度は彼の時代のメルクマールになった。とはいえ批判の尺度、判定の試金石は何なのか。啓蒙が、この場合にたんに個人あるいは集団のもろもろの意見や批判者たちの愛好することを収集しなければならないのなら、啓蒙は自壊してしまわないだろうか。ソフィスト的啓蒙は、たしかにまさにそのために最後は懐疑論に、つまり自分の無知の一貫した信念に帰着してしまった。この信念は、なるほど自分の安易な生き方の基礎として受け入れられうるかもしれないが、権力を要求して個々人の意見を拒むことに反対するもっともな論拠をもはや何も提示しえない。カントの理性批判は、理性が「偽りのない尊敬」を捧げうるものを確かめるために、理性そのものがこれらすべてのことを「自由に公的に」吟味する際の試金石を探究するものに他ならない。そしてそれは、あらゆる理性的存在者にとって妥当する客観的な尺度でなければならないのである。

(二) 学問による啓蒙とは?

それにもかかわらず、近代の啓蒙は最初から「学問による啓蒙」という原理に従って始められていた。批判の主観的[個人的]観点と学問の客観性との結合というプラトンの問題は、近代の啓蒙には最初まったく提出されないと思われた。啓蒙は最初から、進んだ学問として公の場に存在しているものとの同盟を主張した。このことは、たしかに伝統的な仕方で学問とみなされていたものに対する批判を前提とした。独断的に凝り固まり教会の権威を備えたアリストテレス主義の形式において、近代の啓蒙主義者たちに対して立ちはだかっていたのが、キリスト教的スコラ哲学の遺産であった。そこで、学問による啓蒙の最初の課題は、真正な学問とたんなる憶測的な学問とを批判的に区別することであった。これは、デカルトが或る仕方で専念した課題であり、カントに至るまで、またカントを越えてはるか先まで拘束力をもち続けることになった。意味されているのは、どんな疑いももはや許さないものを突きとめるために、およそ疑いうるすべてのことに向けられる方法的懐疑である。この「懐疑的方法」をカントは、「この方途において真理の手掛かりをつかもうとしてだが、或ることを、不確実なものとして扱い最高の不確実性にもたらす仕方」(Log A 131 [IX, 84]) と説明している。疑う余地のない最初の真理をデカルトは、「私は考える〔より厳密には、私は或ることを意識している〕、したがって私は存在する (*Ego cogito, ergo sum*)」のうちに、したがって自分の主観性の奥底のうちに発見したと考えた。にもかかわらず彼が望んでいたのは、それを基礎にして、信頼でき普遍的に通用する客観的学問の体系を構成しうることであった。

デカルトとその継承者たち――とくにバールーフ・デ・スピノザ (1632～77) やゴットフリート・ヴィルヘルム・ライプニッツ (1646～1716) や、カントが若いころにドイツの哲学を支配していたクリスティアン・ヴォルフ（1679～1754）――に、学問のこの途が通行できるように安全にしているもの、それは生得観念（*ideae innatae*）の説、つまり、われわれがおのれの意識のうちに、感官を通じて受け取ったのでもないしみずから産出したのでもない表象を見いだす、という主張である。これらの表象はその結果、客観的な学問にとって基礎としてふさわしい固有な客観性を所有している、とされる。たんなる理性や純粋な思考が到達しうる［これらの表象］の知に、あらゆる他の知が基づいているとされる。この基礎である知の総括を、この伝統は「形而上学」と呼んでいる――アリストテレスが「第一哲学」と呼んでいたものを表わすためにこの形而上学という名称を後に使用するようになったのだが、まったくその意味で呼んでいる――。カントも依然としてこの言語規制に従っている。この第一哲学は、その根拠をもっぱら理性そのもののうちで探すのだから、第一哲学は「合理論的（ラチオナリスティッシュ）」とも呼ばれるし、また合理論的形而上学を縮めて「合理論」とも呼ばれる。こうしてデカルトの伝統は、学問と啓蒙との関係を決定的に解明し、それによって学問による啓蒙の計画にあらゆる機会を保証したと考えた。

この基礎は、ジョン・ロック（1632～1704）が生得観念の説を成功裏に論駁し始めた（vgl. Locke I）とき、壊れ始めた。ロックも、最初の疑いえない意識の事実から体系的な取り組みを開始することによって、まったくデカルトと同様に進んだ。とはいえロックは、それらの意識の事実に生得観念が属することは否定する。あらゆるわれわれの表象が感性的経験に由来するという主張が、ジョン・ロックや彼の継承者たちにとって哲学を意味する経験論（ギリシア語 *empeiria* ＝経験）の原理である。ここ［経験論の側］ではとくにジョージ・バークリ（1685～1753）とデイヴィド・ヒューム（1711～76）の名が挙げられるが、カントは彼らと徹底的に取り組まねばならなかった。学問を基礎づけるデカルトの原理は、あらゆる疑いうることもあらゆる偏見も方法的に排除することによるが、こちら［合理論の側］ではデカルトの原理はデカルト主義そのものに適用される。いまやデカルト主義の形而上学的基礎は、疑いうるもの、またたんなる偏見とさえみえる。改めて今や学問を通じての啓蒙のプログラムは、自分自身について啓蒙されねばならないようにみえるのである。生得観念をめぐる論争は、ライプニッツと、ジョン・ロックの立場に立つサミュエル・クラーク（1675～1729）との間で執拗に繰り広げられた。そこでこの論争は、十八世紀初頭の哲学の舞台を完全に支配していたということができる。合理論 vs. 経験論、これは啓蒙そのものの陣営内での対立であったし、さらに、デカルトに定位するか、それともジョン・ロックや彼らに続く後の支持者たちに定位するか、この違いによる対立であった。

カントの認識では、経験論の立場は高い代償を払わねばならないが、それというのも、この立場は実際には客観的学問の可能性を説明できないからとされている。デカルトによれば、われわれが世界について主観的に疑いがたく明晰で判明な表象として把握することが、表象するそのままに現実的でもある、したがって真であるが、このことを最終的に保証しているのは、実在する完全な存在者としての神という生得観念である（vgl. Descartes, Med VI）。ライプニッツは理性の真理と事実の真理とを区別したが、その際理性の真理は、「必然的で永遠の真理」であり、これらの真理の内で、理性は自分自身も神も世界の真の構造をも把握する（vgl. Leibniz §§ 29 ff.）。生得観念とともに理性の真理も脱落するなら、意識はまったく自分とそのたんなる表象へと押し戻されるが、これらの表象については、客観的世界を扱っているのかそうでないのかは常に疑わしいままに留まるであろう。認識はその場合、最終的にはたんに感性的経験に由来するにすぎない諸観念が、相互に一致するか否かを確定することでしかない（vgl. Locke IV, I, § 2）。結論は、自然科学に関しては、疑わしいということになる。

アリストテレス以来、学問的知は証明可能でなければならない、というのは当然のことだったし、ジョン・ロックもそれを堅持している。とはいえロックによれば、われわれの知が証明可能なのは、われわれがもっぱらおのれ自身の表象を扱う場合だけである、したがって論理学と数学と道徳論においてだけである（Locke, IV, IV, insb. §§ 3 ff.）。ところでわれわれは、経験や観察に由来する外部世界の表象をもっており、これらの表象を、論理的規則や数学的規則に従って相互に結合することもできる。もっとも、そうした「証明」が外部世界の構造を正しく再現するかどうかを、われわれは実際には知ることができない。というのも、われわれはそれらの表象を外部世界そのものと比較することができないからである。なぜなら、外部世界と比較するということが意味しているのは、われわれの表象世界から外に歩み出ることであるが、これは理に適わないからである。そこでわれわれは、この領域内でたんなる確からしい知識で満足しなければならない。われわれの「自然学（ナトゥアクンデ）は学問へと」形を整え「られるものではない」（Locke IV, XII, § 10）、そのためロックは次のようにいう。

……自然の物体についての完全な学問に関しては、われわれには到底対処できないと私は考えている。私は、それを目がけて努力することを無駄な骨折りとみなしている（Locke IV, III, 3 30）。

ロックの経験論は、バークリとヒュームのもとで客観的世界の認識可能性に対する全面的な懐疑論へと高められたが、こうして「学問による啓蒙」の計画を廃棄するという結果に帰着した。「学問による啓蒙」ということで、フランシス・ベーコン（1561～1626）以来、またさらに輪をかけてデカルトの場合には、常に「自然科学による啓蒙」が意味されていた。まさにガリレイとニュートンの意味での数学的自然科学は、近代の啓蒙運動の自慢の品であり、これこそがスコラの伝統に対して啓蒙運動の優位を決定的にしたとされた。ところでそれらすべてが、たんなる「自然学（ナトゥアクンデ）」なのだろうか、あるいはせいぜいのところ、確実な客観関係を欠いているたんなる観念の構成なのだろうか。

この経験論の確信が当時カントに知られていた限りでは、カントはさしあたりその確信を共有する何らの理由も見ていなかった。カントにとって確定していたのは、数学的自然科学が事実であり、経験論者たちによる数学的自然科学に対する懐疑的解釈は真理ではありえないということであった。かなり後になってカントは、「それぞれの特殊な自然論においては、その内で数学が見いだされうると同程度にのみ本来の学問が見いだされうる」（MAN A VIII［IV, 470］）という見解を表明した。カントにとってはそうした「本来の自然科学」が実在するのだが、ところがまさにこのことを経験論は説明できない。経験論はまた、学問一般が問題な場合には役に立たないことになるが、それというのも、経験論はその説明によっていつも個々の経験のたんなる普遍化に到達するだけだが、ところがこの普遍化は、いつも新たな経験によって覆されうるからである。この途ではわれわれは決して「本来の」学問には到達しない。アリストテレス以来明らかだったのは、「普遍的なことと根拠と原因」(Aristoteles, Met 981a ff.) についての知のみが、学問的と呼ばれうるということであった。その場合、形式論理学が「道具」を、つまり方法の基準を与えるものであった。近代の哲学はこれに体系要求を付け加える。それによれば学問的知は、ユークリッド幾何学を手本にして確実な第一諸原理との厳密な演繹的関連をもっていなければならない。なぜなら、学問的知はこれによってのみ、普遍性と完全な基礎づけにとっての試金石たりうるからである。その場合にのみ、学問的知は「合理的」なのである。カントにとって、すでにデカルトにとってそうであったように、われわれがそうした原理を経験から得ることはできない、ということは明らかであった。「合理的な」学問が存在するなら、経験的ではない「第一の」学問が存在しなければならない。まさにこれこそ、この時代の言語使用における形而上学であった。

学問と啓蒙との緊張関係は、カントの学問的生涯全体を規定していた。カントは啓蒙を「完成した」といわれたが、だがこれは誤解を招くものである。カントは、近代哲学の二つの主潮流である合理論と経験論とをおのれ自身の体系構想において合流させる——妥協の途においてではなく、両方の伝統がもつ正当な要求を批判的に考量することによって合流させる——力をもっていた。この合流点へ至る彼の途は、「純粋な」人間理性への素朴な信頼から、懐疑論の挑戦を経て、最終的には批判的哲学へと彼を導いたのだった。ライプニッツ・ヴォルフ学派の形而上学という合理論に対して、カントは完全に信頼したわけではないが、他方また決して、完全に経験論の側につくと決めることもできなかった。学問が実際に存在することも、道徳を支えうる土台が実際に実在することも、カントにとって疑う余地のないことであった。したがって、「懐疑的方法」の進行のうちでこれらの基礎を批判的に探し出すことのみが問題であった。

こうしてカントの哲学は、形を変えたデカルト主義として把握されうる。この形を変えたデカルト主義は、生得観念を引き合いに出すことはなく、啓蒙の主観的観点を、理論的学問ならびに実践的学問の客観的観点と結合しようと企てるものであり、したがってデカルト自身のように「暫定的道徳」（Descartes, Abh III, § 1）で満足しようとはしないし、加えて芸術や生ける自然の問題にも学問的に関心をもっているものである。学問を欠くデカルト主義はどうだろうか。それは、時代の通俗哲学の意味における啓蒙であろう。この啓蒙は、最高の審級として常識を拠りどころとし、それによってあらゆる学問的な証明の義務を、これはかつて啓蒙運動に文化的効果を保証するとされていたのだが、この義務を自分に免除するものである。啓蒙はそうした独立自存によって批判をまさに逃れるというのだが、印象深いことに、「批判の時代」における啓蒙のこの独立自存をカントは何度も遠ざけたのであった。

より広い意味でもカントは、実践哲学の優位というおのれの理説によって啓蒙の伝統を継続している。理論が最終的に実践的目標に役立たねばならないということは、ギリシアのソフィストの教えに遡り、プラトンの哲学全体を規定していたトポス〔主題、論題〕である。このトポスについては、プラトンにとって実際には実践哲学しか存在しなかったと当然いうことができる。自然科学がとくに人間の幸せに役立つために存在しているというのは、フランシス・ベーコンの基本的主張である。この近代哲学のもう一人の創設者に、デカルトははっきり賛成している（vgl. Descartes, Abh VI, § 3）。またトマス・ホッブズ（1588～1679）にとっては、哲学全体が実践的な意味をもつものであり、彼は哲学を、宗教上の内戦の時代において平和の唯一信頼できる手段とみなしている（vgl. Hobbes, De cive 60）。カントの場合には、実践哲学の優位は学校概念と世界概念との区別によって根拠づけられる。つまり、「学校概念」に従う哲学は、「認識の体系であるが、この認識は学問としてのみ求められるのであり、この知の体系的統一以上の何かを、したがって認識の論理的完全性以上の何かを目的とすることはない」。ところが「世界概念」に従う哲学は、「あらゆる認識が人間理性の本質的目的に対してもつ関係についての学問」であり、したがって「誰もが必然的に関心をもつ」（B 867 und Fn.）ものに関わる。カントはこの場合さらに進んで詳しく論じているが、それによれば、人間理性の最も本質的で最高の究極目的は「人間の全使命」であり、この使命が道徳哲学のうちで、そしてそこでのみ究明されるのである（vgl. B 868）。

（三）学問の危機としての形而上学の危機と批判の理念

十八世紀には、「哲学」と「学問」という二つの概念は互いに離れずに進んでいた。根拠づけられ、体系的に秩序づけられたあらゆる知は、当時「哲学」と呼ばれていた。[1] また学問的問題と形而上学的問題とは、われわれに今日思われるかもしれないほどには、異なっていなかった。むしろ形而上学の問題は、内部の学問的問題とみなされていた。この場合には、厳密な語義での学問一般の可能性が問題だったのである。こうして、カントにとって大変長い間明白だとされていたのが、合理論の形而上学のみがその「理性の諸真理」によって「合理的［理性的］」学問に対する基礎を提供しうるということであった。だが合理的形而上学がそれを実際にもなしうるということは、カントにとって次第に疑わしいものとなった。カントは、形而上学に「恋している」ことをおのれの「運命」と呼んだ（TG A 115［II, 367］）が、そのため形而上学のみじめな状態は、彼にはとくにつらい出会いであった。『純粋理性批判』の第一版序文では次のように述べられている。「形而上学がすべての学問の女王と呼ばれた時代があった。……今では、形而上学にあらゆる侮蔑を示すことが時代の流行となっている」（A VIII）。カントはこの状態の理由を、理性がそれ自身の本性によって立たされている窮地のうちに見ている。おのれが答えることはおのれの力を越え出るから答えることができない、だが、そうした問いを理性は立てざるをえない。理性は、知の第一の諸原則に関して問うことを避けることができないのである。しかしまさにこれは、理性を日常の経験や常識を越えて導くことである。そこでは、理性は「暗闇と矛盾」に陥る。つまり、限りない争いが帰結し、この争いの戦場が「今や形而上学と呼ばれる」（A VII f.）のである。

この診断にとくに関与したのが、宇宙論の領域でカントが理性のアンチノミーを発見したことであった（一七九八年ガルヴェ宛書簡を参照せよ。引用は、Geier 157 に従う。また、vgl. Irrlitz 242 ff.）。彼に明らかになったのは、形而上学の一部である自然科学的領域にあっては自然についてのわれわれの知の第一原理が問題なのだが、この自然科学的領域内では、あらゆる論理的な厳密さのうちで或る主張を証明し、また同様にその反対をも証明することが可能である、ということであった。たとえば、世界は空間ならびに時間において有限である

1　その有名な一例が、ニュートンの主著の題名『自然哲学の数学的原理』（一六八七年）である。

という主張と、世界の無限性という反対主張がそれである。

この状態に先立つ歴史を、カントはたいへん具体的に社会的隠喩や政治的隠喩を借りて語っている。最初形而上学の支配は「専制的」であった。というのも、その支配は、独断論者たち、つまりたんに或ることを十分な根拠を挙げることなく主張した人々の手の内にあったからである。その後専制は、「内戦によって次第に完全な無政府状態へと退化してしまった」。懐疑論者たち、土地のあらゆる安定した耕作を嫌うある種の遊牧民たちは、たしかに時折、形而上学的圏域を害するが、だが持続的な成果を得ることはなかった。——付け加えておきたいと思うのだが、その理由は、彼らが実に最初には学問の「安定した耕作」にまったく加わらなかったからである。この点をジョン・ロックは、かの「女王」の正当性を系譜学的手段によって明らかにしようと試みることによって、このカオス状態に終止符を打とうと試みた。だがロックは、「かの自称女王の誕生を、通常の経験という下層民」に由来するとし、形而上学的知は結局のところやはり経験的であると間違って主張した。そのような理由から、独断的形而上学者たちは彼らの古い意見が強固にされたと思ったのだが、「そのことによって、すべてが古めかしい虫の食った独断論に、さらには軽蔑状態に、ふたたび陥ってしまった。こういった状態から学問を救い出すことが望まれていたのだったが、そうなってしまった」(A IX f.)。今では広範な「倦怠感と無関心主義、混沌と夜の母が学問において」支配している（A X）。カントにとっても、デカルトからヘーゲルまでの近代の哲学全体にとっても、厳密な語義においてはどんな学問も、形而上学を欠いては存在しない。そのため形而上学に対する無関心は、必然的に学問一般に対する無関心にいたる。仮にこれがまず一般に事実だとすれば、「学問による啓蒙」という計画は破綻したであろう。

どのようにしてその計画は救われうるのか。学問の学問性を保護することによって、しかも学問の中心領域、第一のあるいは至高の諸原理において、学問性を保護することによって救われる。体系的学問モデルに適合したこれらの原理に、われわれの学問的知は依存しているのである。学問一般の可能性についての問いは、こうして直接、学問としての形而上学についての問いである。出発の状況は容易ではない。合理論は、例の形而上学的な知の基礎をもっていると信じている。とはいえ、この知の基礎を説得力を伴なう形では弁明することができない。合理論はそれをたんに独断的に主張し、その場合に、加えてみずから自己矛盾に陥る。――これは、あらゆる学問と称されるものにとっての死刑宣告である。経験論は、「人間悟性の一種の自然学（*Physiologie*）によって」、反対派によってたんに主張されたことに対して支える力をもった代替物を提供しようと試みる際に、必然的に挫折する。というのも、経験論はたんに経験的なものを越え出ないからである。それによって経験論は、新たに「遊牧生活を送る」懐疑論者の攻撃に門戸を開くのである。結果は懐疑論であるが、この懐疑論は、デカルトを模範とする方法としてのものではなく、「われわれはそれを知らないし、それを知ることにもならないだろう（*Ignoramus, et ignorabimus*）」という哲学的見解としてのものである。この見解は、学問一般に対する無関心へと導くことにならざるをえない。

カントは、そうした懐疑論の侵入をデイヴィド・ヒュームとの取り組みによって体験した。カントはヒュームについて、彼が「独断のまどろみ」から自分を目覚めさせたと語っている（Prol A 13［IV, 260］）。ヒュームによれば、世界におけるあらゆることが原因と結果の原理に従って生じるというわれわれの信念は、客観的に妥当なこととは証明されえないし、結局はわれわれの経験の規則性に関する主観的な習慣に基づくにすぎない。これが決定事項なら、その場合、自然科学はその名に値するものが存在しないことになり、ロックの「自然学（ナトゥアクンデ）」の意味での多かれ少なかれ蓋然的な知しか存在しないことになる。

こうしてカントは、自分が二つの砲火の間にあると悟る。伝統的合理論は独断的であり続け、それによって学問において「混沌と夜」を生む限り論外である。経験論は懐疑論に至るが、これもまた論外である。われわれは依然として、たとえばニュートンの場合のように適切な根拠によって学問の理念を遵守する限り、そう言わざるをえない。両極端は、啓蒙によってのみ避けられうる、つまり、「懐疑はオーケイ、懐疑論はノー」という格率にしたがって両派の要求を吟味することによって避けられうる。その場合、方法としての懐疑はデカルトの理念に従う、つまり、懐疑をたんに独断的に主張されたあらゆることに対してのみならず、懐疑論そのものに対しても適用して、おのれ自身の武器で懐疑論を打ち倒す。こうして独断論と懐疑論という両極端のものの間にのみ途が貫通している。この途をカントは「批判的途」と呼ぶ。そして、この途は体系的哲学において「もっぱら依然として開かれて」（B 884）いると語っている。相対する両派も従わねばならないのが批判だが、この「批判の時代」において、カントは唯一ふさわしい人であった。というのも、彼だけが、学問と啓蒙との問題になった関係を新たに規定するという展望を開いたからである。この場合たえず確認されうることだが、カントにとってはいつも形而上学の途が問題であり、現代の意味での「学問論」がたんに問題であるわけではない。カントは合理論と経験論を形而上学的立場のものと解するが、彼にとって批判的企ては、両派の要求の権利と限界を決定しうる裁判手続きである（B 779）。

　この批判は、これが体系的である場合にのみ、野生的遊牧生活よりもましである。そのため、どのようにして学問としての形而上学が可能かという問いは、体系としての批判的哲学に関する問いと一致する。もっともこの意味での批判的形而上学の機関は、「純粋な」

つまり経験に依存しない理性そのものである。というのも、その際には、経験に依存しない認識といったようなものがそもそも存在するのかが問題であるし、これは、まったく経験的に解明しようとはしがたいことだからである。こうして、『純粋理性批判』という題名の有名な二義が、主語二格と目的二格という意味において説明される。純粋理性そのものによる純粋理性の認識要求の批判が問題となっているのである。この反省的構造は、カントの意味での理性が、その中心において批判的理性であるということを明示している。カントの批判哲学は、学問と啓蒙との関係を新たに規定するためのモデルである。このモデルは、時代を画したのだが、われわれには哲学史を「カント以前と以後」という図式に従って区分する傾向があるが、その根拠でもある。

学問による啓蒙は、学問の学問性が保証されている場合にのみ可能である。カントにとっても、ヘーゲルにまで続くデカルトの伝統全体にとっても、「体系的統一は……、通常の認識をはじめて学問にする、つまり通常の認識のたんなる集合から体系を形成する」（B 860）。したがって、知は、体系を形成する、あるいは体系に所属する、という基準を満たした場合にのみ学問とみなされうる。[2] カントは、デカルトやスピノザと違って、数学者の方法を哲学においてまねようとすることに対してはっきり警告している（vgl. B 754f.）。それにもかかわらず、体系に関するカントの理解にとっても、ユークリッド幾何学が、幾何学的知をごくわずかの原理に還元して、それらに基づいて構成することにまさに成功したという点では、模範であり続けた。そこでユークリッド幾何学は、カントにとっても「認識の体系的なもの……、つまり一つの原理にもとづく認識の連関」（B 673）に到達しようとする理性にとってのモデルであった。そうした原理が信頼に足るものなのか、これはどのようにして確かめうるのだろうか。これは、哲学のはじまりからずっと形而上学のテーマであった。加えて、人間理性はカントによれば、諸原理のもとで知の体系的統一を得ようとするものでしかないのだから、人間理性は、「思考し、あるいはむしろ熟考した後では、決して形而上学を欠く……ことができない」（B 870）。したがって、カントに学問としての形而上学の問題を突き付けているのは、思考のとくに珍しい取り組みである形而上学に対するたんなる愛ではない。むしろ学問一般が問題なのである。学問は、体系モデルの拘束という背景の前で形而上学の可能性に関する問いを提起せざるをえない。そして、明らかにこの場合には学問的形而上学が問題でなければならないのである。

2　体系的学問モデルに対する一八〇〇年後の探究的学問モデルによる交代については、Schnädelbach 1983, 94 ff. を参照。

どのようにカントがこの問題に取り組むかは、デカルト的伝統によってあらかじめ定められていた。形而上学は、アリストテレス以来、存在者の第一原理についての学であった。そこで方法的懐疑は、まず第一にこれらの原理の認識可能性を確かめる必要があった。そのためデカルトは形而上学を、存在者の認識の第一原理に関する学と規定する（Descartes, Prinz XLI）。とはいえ、認識する意識とその認知可能性への遡及は、カントにとってはそれ自身がすでに形而上学の部分というわけではない。というのも、形而上学の可能性はさしあたり疑わしいままだからである（vgl. B 871）。形而上学に先行するこの遡及は、「理性の能力をあらゆるア・プリオリな純粋認識に関して研究する予備学であり、批判と呼ばれる」（B 869）。『純粋理性批判』はこうして、カントにとって、「学問として登場しうることになるあらゆる将来の形而上学」（vgl.『プロレゴーメナ』の表題）にとっての予備的土台を準備するものであった。

この理性批判の企てを、カントは――まさにギリシア語の動詞 *krinein*「区分する（シャイデン）、区別する（ウンターシャイデン）、判定する（ウアタイレン）、評価する（ベウアタイレン）」の意味で――認識能力である理性に関係する基本的諸区別のために必要とした。最も重要な区別は、「物自体と現象」「感性と悟性」「悟性と理性」の区別である。カントの批判哲学の大筋は、これら三つの対置の根拠と帰結を眼前におくなら、はっきり出現する。というのも、これらの対置は、理論哲学にとってのみならず、その他の体系部分にとっても土台だからである。カントによればそれらの対置は、われわれの理性一般の到達範囲に対する限界線を明示するが、このことによって理性は、自分を有限な理性と捉えなければならないことになる。

（一）　物自体と現象

ここでは、哲学においてもっとも影響を及ぼし、かつ同時にもっとも多くの議論を引き起こしたカントの区別を問題とする。多くの注釈的な、とりわけ批判的な論評は、見渡しがたいし、崇高な深い思想から皮肉な嘲笑に至るまで多様である。アルトゥール・ショーペンハウアー（1788～1860）は、「カントの最大の功績は、現象を物自体から区別したことである」が、だがカントは「現象が表象としての世界であり、物自体が意志の世界である、という認識には……達しなかった」（Schopenhauer I, 514）と語っている。この場合「意志」ということで、暗く非合理で、とはいえ全能である世界根拠が意味されている。したがってカントは、十分に一貫してはいなかったし、真の哲学にいたる途上に立ち止まっていたことになる。これと反対にヘーゲルは次のように考えている。

> 物自体（物（*Ding*）ということで精神や神も包含される）は、意識に関係するすべてのことが度外視されている……限りでの対象のことである。したがって、物自体とは何か知らない、と実に頻繁に何度も読むことになったのには驚かざるをえないだけである。これを知るより簡単なことは何もない（Hegel 8,120 f.）。

このように、物自体はショーペンハウアーにとっては絶対的なものだし、ヘーゲルによれば、もっぱら空虚な思想上の規定である。ここでは、深い思想の頂点がありきたりの陳腐な文句と並存している。

フィヒテは、物自体のうちにカントの観念論と称するものの独断的残滓を見る。この残滓は、文字の背後にあるこの哲学の真の核心や真正な精神へと突き進むためには除外されねばならない（vgl. Fichte 12 f. und 17 f.）。最終的な公的な論評の一つのなかで、カントはそうした受け取り方に対してはげしく抵抗した（vgl. Kühn 478）。

少なからざるロマン主義者を魅了したのが、日常の現実と神秘な「背後世界」との間にカントが行なったいわゆる対照化であった。カントは、現象の世界をたんなる仮象と認識し、物自体によって現象の背後にあるもっぱら真の世界を示唆したとされたのであった。これに対してニーチェは反ロマン主義者として、「背後世界を説く者」（Nietzsche II, 297）を批判するが、それによってカントをも指している。ニーチェはカントを「結局のところ狡猾なキリスト教徒」（Nietzsche II, 963）と呼ぶが、それは、カントがその区別において、キリスト教徒と同様に、世界を「真の」世界と「見かけの」世界に分けたからである。[3] その際彼は次のように説明している。「われわれは真の世界を撤廃した。どんな世界が残っているのか。ひょっとして見かけの世界であろうか。……とんでもない。真なる世界によってわれわれは、見かけの世界をも廃棄してしまったのだ」（Nietzsche II, 963）。

3　どの範囲までカントに対し論駁しうるのかについて、ニーチェは『反キリスト者』で論証している。§II は次のように結ばれている。「あらゆる点で欠陥のある本能、本能である反自然、哲学としての明確なデカダンス——それがカントである」。

流布された解釈では、カントの現象は見かけの表面のことで、その背後には物自体がもっぱら真の現実性として隠されているとされる。この解釈は、ふつう「本質と現象」という対概念と結びつけられる。そこで、カントは物の真の本質が認識されえないことを説いたのだとみなされるのである。この意味で、フリードリヒ・エンゲルス（1820～95）やマルクス主義の伝統は、カントの謎を実践的に解決しようともくろみ、次のように主張することになった。われわれが自然な物や成果を技術的に再生産できるとすれば——たとえば、化学者がアリザリンをそうするように——、われわれはそれらの物や成果の本質をも認識したはずだし、その場合には「カントの『物自体』は消失した」（vgl. Engels 19 f.）。アドルノも、カントをこの意味で理解し、おのれの「可能な実証的認識の限界に関する理論」、これは物自体を明示するが、それをアドルノは認識に関する「カントのブロック」として、つまり「絶対者の前の制限」として説明する（Adorno 376 und 379）。これにもまして重要なのは、チャールズ・サンダース・パース（1839〜1914）による物自体についての記号論の観点からの批判である。これは、物自体の認識不可能ではなく、物自体によって意味されるものの理解不可能を論証している（vgl. Peirce I, 220 f. und II, 453 f.）。この意味ですべての言語分析の伝統においては、カントの物自体はもはや何の役割ももたない――意味論的理由に基づくならばだが[4]――とされる。

4　Vgl. Strawson 38-42 und 156. ストローソンは、カントの物自体についての理論を、カントがとらわれている経験的な「意味の原理」へと還元する。この意味論は維持しがたいものだと実際には示されうる。

カントの場合、物自体ということで何が重要なのかを、彼のテキストから読み取ることはそれほど簡単ではない。少なからざる表現が、曖昧であり、実際、熟知している経験世界の背後にある秘密に満ちたものが問題だという想いを抱かせる。――カントが現象の「非感性的原因」（B 334, auch B 522）について、あるいは「超越論的客観（ゲダンケンディング）」（B 522）について語る場合にはそうである。他の箇所では、物自体は、「思考物」（ヌーメノン、ギリシア語 *noein*「思考する」の分詞）として登場する。物自体は、これによって見かけ上は、一連の合理主義的形而上学の主要な対象（神、自由、不死）へと移るが、だが次には再び「超越論的対象」から区別されうるとされる[5]（A 252）。

5　そうした表現がその場合ヘーゲルにとって、すでに引用されたように「物〔自体〕ということに精神も神も含まれる」（Hegel VIII,120）と主張するきっかけとなった。

とはいえ、物自体はカントの場合たいてい複数形で「諸物自体」として登場する。それによって、どのようなものであれ、われわれの認識の対象が考えられているのだが、この際、われわれがそれらの対象を認識できるという事実やその方法には依存せずに、そう考えられているわけである。この意味でそれらの対象は、実際にもっぱら思考されたもの、つまりヌーメナである。他方では、われわれは実際に認識することができる対象に直面しているが、その際には、われわれがそれらの対象を認識できるという事実やその方法に依存しないわけにはいかない。それらの対象は、諸条件に従っており、これらの条件下でのみわれわれの認識は可能なのである。これらの条件に関していえば、『純粋理性批判』でのカントの説明は自己批判の成果である。つまり、一七七〇年の教授就任論文『可感界と……』においてカントは、「感性的に認識されたもの（感性的に思考されたもの）は現象するままの物の表象であるが、それに反して、知性的に認識されたもの（知的なもの（das Intellektuelle））は存在するままの物の表象である」（Mund §4. カッコ内は、カントのラテン語原文をシュネーデルバッハが独訳したもの）と主張した。カントはここではいまだ相変わらず合理主義の伝統の圏内にいた。この伝統によれば、われわれは、感官によっては物の現象的外面しか把握できない、これに反して物の本質は思考によってのみ把握しうるとされる。そのようにすでにデカルトは、蜜蝋を例にして、蜜蝋とは何かということは精神（**mens**）のうちでのみ把握されると説明している。

> 明らかに、私が見るものも、私が触るものも、私が心に描くものも……同一のものである。だが注意せよ――その把握（受け取り（*perceptio*））は見ることでもないし、触ることでもないし、心に描くことでもなく、また、たとえ以前にはそう思われたにせよ、決して存在していたのではなく、それはもっぱら精神の洞察（精神特有の洞察（*solius mentis inspectio*））である（Descartes, Med II, §14）。

現象するままの物と存在するままの物との対比を、カントは今や現象としての物と物自体との対比によって補うが、その場合、「それ自体（アンズィヒ）」という語句は、そうした物がわれわれの認識能力には到達できないものであることを示す。というのも、われわれの思考は、対象へと到達するためには完全に感官に向けて定められているからである。物自体は、こうして「消極的な意味におけるヌーメノン」であり、われわれはこれによって「われわれの感性的直観の客観でない限りでの」物を考える。このたんに思考された物は、われわれの認識にとっての対象ではない。[6]

6　考えうるもののこの消極的機能をストローソンは明確に承認している。Vgl. a.a.O., 42.

これと共にまた、「現象（エアシャイヌング）」ということで何が意味されているかも明らかである。すでに教授就任論文でカントは、この概念をフェノメノンの訳語として使用しているが、フェノメノンという語によって「古人」は感性の対象を意味していた（Mund §3）。こうして諸現象（フェノメナ）は、われわれが感性的に把握しうる諸物である。これらの物は、仮象やたんなる錯覚ではなく、われわれに対してわれわれの感性的経験が提供するものであり、また、認識しうるためには思考によってさらに規定しなければならないものである。つまり、「経験的直観の無規定な対象が、現象と呼ばれる」（B 33）。こうして、以前の著作と比べてカントが提示している新しい論点は、われわれは現象の領域の内でのみ認識へと到達しうるのであり、この限界の彼岸ではないということである。そのためカントの場合、この彼岸という消極的概念として除外するものである物自体は、「限界概念」（B 310f.）としての役割をはたすのである。

注目に値するのは、すでにカント自身が「内部・外部」あるいは「本質・現象」という意味での物自体と現象との関係に関する解釈、これがわれわれの時代に至るまで支配的であるが、この解釈に反論している点である。

われわれは物の内部を洞察しないという嘆きが意味しているのが、純粋悟性によっては、われわれに現象する物がそれ自体では何でありうるのかをわれわれが理解しないというほどのこととされるなら、その嘆きはまったく不当で不合理である。というのもその嘆きは、感性を欠いても物を認識しうるし、したがって直観しうることを欲しているのだからである……。現象の考察と分析は自然の内部へと入り込むが、これがどこまで時の経過につれて進むのかは知ることができない[7]（B 333 f.）。

7　カントはここで明らかにアルブレヒト・フォン・ハラーの詩「人間の徳の虚偽」（一七三二年）を参照している。「自然の内部へはどんな創造的精神も入り込まない。／自然がまだ外皮を示すなら幸福すぎる。」この詩はゲーテも引き合いに出し、それに対して次のように作った。「自然は核をもたない。外皮ももたない。全体が突然自然である」（『もちろん、自然科学者へ』Goethe I, 359）。

まさに大胆にも先立って次のように言われている。「物自体が何でありうるのか私は知らないが、それを知る必要もない。なぜなら、物は現象においてと違うようには私に対してはやはり決して現存しえないからである」（B 332 f.）。この場合問題はたしかに、なぜカントは、物自体が認識論的に重要でないなら、そもそもこの区別に固執して、ニーチェのように、思考によってのみ把握可能ないわゆる真の世界とともに「たんなる」現象の世界も消滅させないのか、である。

受容性

カントが根拠としている一つは、事態を想い出してみれば明らかになる。つまり、もしわれわれが現象のみに関係しているとすれば、その場合——ニーチェが実際に主張したように——現象そのものについて、現象は、さしあたり無規定である感性的経験の対象である、と語ることは無意味であろう（vgl. B 34）。

それにもかかわらず、十分に注意されねばならないが、やはりその場合にはいつも次のことが留保されねばならない。つまり、われわれがまさに同一の対象を、物自体であっても、たとえ認識しないとしても、だが少なくとも思考しうるのでなければならない。というのも、さもないと、そこから、そこに現象する当の或るものがないのに現象が存在するというばかげた命題が帰結することになるだろうからである（B XXVI）。

したがってカントは、現象概念をあくまで保持しつづけるが、それとともに、形而上学的背後世界の確実性を誓う危険をさえ冒す。つまり、目の前の現象のうちに現象する当のものそれ自身は現象しないが、それというのも、われわれがもつのは、この当のものを背にして、われわれの認識可能性の圏域のうちに現象するものだけだからである。仮にわれわれが対象を同時に物自体として、少なくとも思考することができるのでないとすれば、われわれは一つの認識モデルに直面することになってしまうだろう。その認識モデルに従うなら、対象に関するわれわれの主観的表象より以上のものである或るものへとわれわれが認識しつつ関係しうる、ということから出発することは無意味であろう。その場合には世界は、実際には「われわれの表象」（ショーペンハウアー）にすぎないしそれ以上のものではないであろう。

カントは、言葉の認識論的意味で「観念論」と名づけるような立場を擁護することはできなかったが、それを阻んでいるのは、彼が「受容性」と名づける意識の能力である。すでに『可感界と……』において「感性は主観の感受性（受容性（*receptivitas*））であり、この感受性によって、主観の表象状態が何らかの客観の現存によって触発されることが可能である」（§3）といわれているし、『純粋理性批判』の典型的な箇所では「われわれが対象によって触発される仕方を通じて表象を得る能力（受容性）は感性と呼ばれる」（B 33）といわれている。感性を、〈われわれの意識のうちにすでに含まれていたわけではない或るもの〉によって触発されうるものとする解釈は、カントによれば、そのようにして生じた対象の感性的表象に、或るものを付け加えて考えるようにわれわれを強いる。この或るものは、われわれが知るのはわれわれの内での触発だけだから、たしかに実在的に存在してわれわれを触発するとはいえそれ自身は感性的対象ではない。カントはこの場合、認識論的実在論の残滓を擁護しているといえるが、とはいえ現代的にいえば、指示（Referenz）の様態においてのみでのことである。カントによれば、われわれは経験において意識には依存しない或るものへと、明確なことをこの或るものについて述べることはできないのだが、関係している。だがこのことは、感性的に触発される能力としてのわれわれの受容性が、無による触発という意味において現象するはずがないなら、避けがたいものである。この意味で、われわれはかくしてカントに従い、「現象一般のたんなる叡知的〔思考において捉えうる〕原因」である物自体を「超越論的客観と名づけることができるのは、ひとえに、われわれが受容性としての感性に対応する或るものをもつためである」。この限りカントの物自体は、認識を認知的（コグニティーフ）出来事と解釈する際に欠かせない要素である。この出来事のうちで、感性的受容性の能力によって保証されている新たなことや未見のことが付け加わりうるのである。この意味でカントの理論哲学は、何はさておき経験の理論である（vgl. Holzhey）。

〔『純粋理性批判』出版後〕すぐにカントは非難されることになった。それは、カントが物自体について、現象の「未知なる」原因とか「非感性的」原因、あるいは「叡知的」原因という言い方によって、物の概念をも原因性の原理をも、彼自身の原理に反して或るものへと適用してしまったが、この或るものについては、物自体と現象との関係は観察されえないのだから〔当然〕われわれは経験することができないはずであるというものであった。[8] 事実カントの言い方を擁護するのは困難である。とはいえカントが、最初にある物を同定し、その後にはじめてこの物について物自体としてや、それに加えて現象としても言及しうる、と信じていたとは到底思われない。われわれが認識できる現象に対して、少なくともそこに現象する或るものを「われわれの外に」実在的と想定することは避けがたい、とカントが納得させようとしたとき、彼はこの或るものに対してもまさに「物」という言葉を使ったが、その際には「それ自体」は、〈この物という概念が、これが認識の連関において使用されるようには、理解されえない〉ということを同時に示している。「物（ディング）」「諸物」――これによってカントは、不可避的に認識の支配下に置かれるべき対象的なものを考えているのである。

8　繰り返し持ち出されたこの異議は、もともとはゴットロープ・エルンスト・シュルツェ（エーネシデムス）に由来する。『Aenisidemus』（1792）。この本はさしあたり匿名で出版された。著者名は、彼が知られるようになった後、一般にこの本の題名にちなんでエーネシデムスとして引用された。

似た事情なのが、現象の原因としての物自体についてである。つまり、カントは（唯物論者のように）最初に外的な物とわれわれの意識との因果関係を構成するわけではない。というのも、この外的な物さえまだ誰も観察しないからである。なぜなら、われわれはおのれの意識の外に出ることができないからである。カントは反対に次のように考える。つまり、カントは、触発されるという意識の事実である受容性から出発する。触発の根拠は、意識そのものではない。というのも、仮に触発の根拠が意識そのものだとすれば、あらゆる触発は自己触発であるということになるだろう。自己触発はたしかに実際存在するが、「触発という場合にこれがすべてではない」。したがって、触発が自己触発でない限り、触発するものを仮定することは避けられないし、「われわれの感官を動かす」外的な触発する「対象」（B 1）の結果として、触発を因果的に解釈することは、こうして、カントが因果性の原理を禁じられた領域に転用した、という外見を作り出しているのである。

カントの意図を、具体的で因果的な語り方をまったく使用しないように表現し直すことは、難しいだろう。カントの理論を、一貫性を欠くとか矛盾しているといった非難から守りうるためには、おそらく、精確な言葉の意味において解釈と認識との差異にこだわり続けることしかない。つまり、物自体に関して現象の原因という認識論的には問題がある語り方をあえて取らないとうまくいかない、とカントが考えている場面では、そのつど注意されるべきは、ここで「物」と「原因」という表現は解釈的に使用されているのであり、対象的認識、あるいは完全に経験に支えられた認識という意味で使用されているのではないということである。もっぱら決定的なのは、その際に何が問題であるか、認識不可能な物自体と現象との間に行なった、有名だが誤解を招きやすい区別によって、カントが何を表現しようとしたかである。［カントが表現しようとしたのは］、認識が問題な場合に理性の有限性を洞察することであるが、それは、とりわけ批判的な意味で言われているのである。物自体の認識不可能性、これは第一に素朴実在論に対する限界を画定する。素朴実在論は、物を「たんにそのように」おのれの前にもつと考えるが、この際実際には主観的条件に従っているのに、この主観的条件を忘れる。［第二に］物自体の認識不可能性は、同時に伝統的形而上学に対する限界をも画定する。伝統的形而上学は、カントに至るまで、たんなる熟考によって世界を超えて決定的なことを入手しうると考えていた。とはいえ、純粋に叡知的なものはわれわれの認識の対象ではない。物自体を現象の叡知的原因として語ることによって第三に、観念論が阻止される。というのも、仮に現象において、たんに現象であることに尽きないもの［つまり、現象以外のこと］が何も現象しないなら、意識は自律的（アオトノーム）であろうし、意識がみずから産出した表象世界が「事実であるすべて」（ウィトゲンシュタイン）だろうからである。これらの三重の限界づけは、たしかに、認識が不可能だということを意味するものではない。反対で、もっぱらこれらの限界の内部でカントによれば認識が、確実に進展し増大するが、その際に、原理的な制限に出会うことはないのである（vgl. Schnädelbach 2004）。認識がそうしたプロセスの意味で一般に可能であるということは、認識する理性は有限で誤りうるが、だがまた改善の能力を持っているということを同時に意味するだけである。［このように有限な理性は、認識することを通じて改善できる、のに対して］神の絶対的理性なら、認識することを放棄しうるだろう。というのも、神の絶対的理性ならいつでもすでにすべてのことを知っているだろうからである。

実験的形而上学

物自体と現象との区別は、とくに学問としての形而上学の改革の文脈に属する。この際まず第一に重要なのは、カントが、「どのようにして学問としての形而上学は可能か」という問題を「どのようにしてア・プリオリな総合判断は可能か」（B 19）という問題として、どう表現しているかという点である。総合的なものの反対は、分析的なものであり、［両者は］認識様式に関わるものである。分析判断は、主語のうちにすでに含まれていることを述語において説明するにすぎないが、他方、総合判断は、主語において考えられていることに、述語において新しいことを付け加えるものである。このためカントは「総合判断を」説明判断とか拡張判断という言い方もする。彼が挙げる例は、分析判断としては「すべての物体は延長的である」である。分析判断とする理由は、延長が物体の定義に属するからである。総合判断としては「すべての物体は重い」が例示されている。これが総合判断とされる理由は、物体の定義のうちには、重力が物体に作用するということが含まれていないからである。これに反して「ア・プリオリとア・ポステリオリ」の対比は、認識源泉に関わる。「ア・プリオリ」は、「より先のことから」という意味であり、「ア・ポステリオリ」は「より後のことから」という意味である。両者において経験が念頭に置かれている。つまり、経験よりも先であり、経験に先立ち、さらに経験によっては否定されえないものが、ア・プリオリである。経験に後続し、経験に依存するものがア・ポステリオリである。

カントによれば、論理学は分析判断しか含まず、この判断はごく普通にア・プリオリである。というのも、分析判断においては何も付け加わることがないのだからである。これに反して、経験的（ギリシア語 *empeiria* ＝「経験」）諸学は、ア・ポステリオリな総合判断を表現する。というのも、それらの学問は、直観や観察や実験にもとづいて拡大する知学は、たんなる沈思熟考によって、どんな経験的手段にも依存せず、したがって「純粋」理性にもとづき、神や世界について従来知られていなかったことを発見して、そうしてその認識をア・プリオリな総合判断の形式において提示する企てである。そのように、カンタベリーのアンセルムス（1033～1109）以来、神の存在は純粋に概念的な論証によって証明しようとされてきた。つまり、カントが示したように、存在は、完全なものには欠けているとか完全なものをさらにより完全にしうる何ものでもない、にもかかわらず、存在していない［つまり存在を欠く］完全なものは完全ではない、とされてきた。こうしてみると、「神が存在する」という場合には、明らかにア・プリオリな総合判断が問題なのである（vgl. B 625 ff.）。モナドとしての人間の魂の単一性という前提からライプニッツは、何らの部分ももたないものは破壊されえない、ということを論拠として、ア・プリオリに魂の不死を推論した。――これまた、実際はア・プリオリな総合判断である。なぜなら、人間の魂を、破壊とはまったく無縁とされた不可分の単一性という意味に解することは、概念上は必然的ではないからである。ところでカントは、そうした判断が実際に存在する――たとえば数学やニュートン物理学において――ことを否定しないし、これらの確固たる状態は、保証され確実に進展する学問としてカントをその際たいへん安堵させる。これに反して、諸見解の混沌状態と恒常的な「おぼつかない歩行」（B VII, auch XIII und XV）によって特徴づけられる形而上学の悲しい状況は、そのこと［つまり、進展する学問の状況］が形而上学の領域でも実情であるのか疑念を抱かせる。そのため、数学や数学的自然科学とは異なり、「たんなる概念による純粋な理性認識」（MAN A7［IV, 469］）に到達しうることを要求する純粋理性批判は、直接的には伝統的な形而上学の批判である。

　カントは、ア・プリオリな総合判断は、物自体と現象を明瞭に区別する場合にのみ擁護されうると認識している。ただその場合にのみ、自然科学において実際に事実であることが、どのようにして可能なのかを理解することができる。つまり、どんな経験にも依存せずに、また経験に先立って、現実に関して何か些末でないことを知ることが、どのようにして可能なのかを理解することができるのである。自然科学の対象は何なのか。「自然は、普遍的法則に従って規定されている限りでの物の現存在である」（Prol A 71［IV, 294］）。自然法則は、自然科学のもっとも重要なものであり、自然科学は、その法則についての知によって、たんなる博物学から区別される。この法則についての知は、経験論者が欲するように、学者が自然の後を追って駆け回って、出来るだけ多くの個々の情報を集めて、そうしてどうにかして普遍化することによっては、手に入れることができなかった。実際、近代の自然科学の創始者たちは、まったく別のやり方をしたのであり、それをカントは、ガリレイやトリチェリや化学者シュタールを例に示している。彼らによって、あらゆる自然探究者に一条の光が射した。彼らが理解したのは、理性は、理性そのものがおのれの企てに従って生み出すもののみを洞察するということであり、また理性が、恒常的な法則に従って行なうおのれの判断にとっての原理を掲げて先導し、おのれの問いに答えるように自然に強いねばならないということであるが、だがそれは自然によってもっぱらいわば歩行バンドにつないで歩行の練習をさせられてはならない、ということである。というのも、さもないと、前もって計画されたどんなプランにも従わない偶然の諸観察が、理性が求め必要とする必然的な法則においてまとまることは決してないからである（B XIII）。

この処置によってのみ、伝承された物理学は学問になった。その思考様式の非常に好都合な革命はカントによれば、

もっぱら着想によるほかなかったものである。着想とは、理性そのものが自然へと投じたものに従って、理性が自然から学ばねばならないこと、また理性はそれ自身だけ

> では何もそれについて知らないであろうこと、これを自然の内で探す（自然になすりつけるのではない）、というものである。これによって自然科学は、はじめて学問の確実な歩みをはじめたのであった。というのも、自然科学は、何世紀にもわたりたんに手探りで探しまわる状態であったのだからである（B XIII f.）。

この先例は、カントにとって、それを試験的に形而上学へも転移するためには十分に魅力的なものである。「こうして、自然研究者をまねたこの方法は、何が実験によって確証されうるのか、それとも否定されうるのか、を探り、この探究のうちで純粋理性の諸要素を探すことである」（B XIX）。カントは、したがって形而上学的実験を企てているだけで、その出発点の決定を下すのは、たしかに自然科学における経験のようにではなく、ア・プリオリな総合判断の可能性を説明する際の成果、そこでまさに形而上学の領域での成果である。

> これまで、あらゆるわれわれの認識は対象に従わねばならない、と想定されてきた。だがこの前提下では、対象に関してア・プリオリに或ることを、つまり、われわれの認識を拡張する或ることを、概念によって形成しようとするあらゆる企ては、打ち砕

かれた。したがってとりあえず、われわれが形而上学の課題において、対象がわれわれの認識の仕方に従わねばならない、と想定するならもっとうまく進展しないかを試してみよう。この想定は、対象がわれわれに与えられるに先立って対象に関して或ることを確定する、とされる対象のア・プリオリな認識という求められた可能性とすでにたいへん一致するものである（B XVI）。

テキストでは、カントがこのパースペクティヴ転換をコペルニクスの事績と比較している有名な箇所が続いている。それは、今やもはや太陽をして地球のまわりを回転させるのではなく、地球をして太陽のまわりを回転させるというものである。これは、これ以降哲学では「コペルニクス的転回」と呼ばれている。結局のところ、これは「思考法の変更された方法」に帰着し、この方法に従いわれわれは、「物について、われわれ自身がその内へと置き入れたものだけをア・プリオリに認識する」（B XVIII）とされる。

たしかにこの場合、われわれがいずれにせよ、すでに前もってア・プリオリな総合判断の形で確定したことだけを物について知りうるのなら、なぜわれわれはそもそも物に取り組むべきなのか、という異論は残る。自然法則は、われわれがたんなる観察からは学ぶことができないものである。コペルニクスやガリレイやその他の人々の実例が示しているのは、その場合には、自然観察に先立って、概念的あるいは数学的構成が重要であるということである。こうしてカントは、「悟性はその（ア・プリオリな）法則を自然からくみ取るのではなく、自然に指定するのである」（Prol A 113［IV, 320］）という有名な定式に至った。

ここで問われるのは、そのように解された自然科学は、〈われわれがみずから自然に関して考案したことしか問題にしないありふれた実りない企て〉という疑いを招かないか、ということである。同時に突拍子もない思いつきも同然であるのが、われわれの悟性が惑星にそう命じるから運動している、そのままに惑星は運動した、と信じることである。コペルニクス的転回は事実、われわれが学においてア・プリオリに持ち合わせていることが物自体に関係する、つまりわれわれやわれわれの認識能力に依存せずに存立しうるような現実性に関係する、と考えるなら何らの意味ももたない。ア・プリオリに生じるわれわれの概念のたんなる分析によっては、われわれは決して現実であるものに関する知には達しないし、また、どのようにしてわれわれの純粋な思考が〈この自体的に存在する現実性〉に対して何事かを指定しうるのか、も洞察されえない。これに反して、物自体に関するア・ポステリオリな認識は、われわれに対して法則のたぐいの知を何も与えない。というのも、経験はわれわれにたんに個々の具体的なことを教えるだけで、それらの必然的な連関は教えないからである（vgl. Prol A 71 f.［IV, 294］）。

したがってア・プリオリな総合判断は、物自体と現象とが区別されるという前提下でのみ考えうるにすぎない。自然科学にとってこれが意味しているのは、自然科学が無前提に自然にいどむのではなく、まず第一に理論の設計図を完成するということである。この理論の設計図は、カントによればア・プリオリな総合判断にもとづいて成り立つ――カントが模範としているのは、いつもガリレイ－ニュートンの力学である――。こうして次に理論の設計図は、観察あるいは実験によって確定されたり否定されたりすることになる。ここから帰結するのは、例の設計図が学問的とみなされうるのは、いつも、それが原理的に観察や実験によって確定されたり否定されたりしうる範囲内でしかない、カントがしばしば繰り返した表現で言えば「可能な経験の限界内」でしかない。したがってこの学問の対象は、現象、つまり、さしあたり「経験的直観」（B 33）の無規定な対象でしかありえず、物自体ではありえないのである。

形而上学にとって、この答えはさしあたりひとまず完全な意気阻喪を意味している。というのも、形而上学は、その伝統的形式においては恒常的に、たんなる思考あるいは「純粋理性」によって「可能な経験の限界」を越え出ようとしたからである。カントは、それが、ア・プリオリな総合判断の可能性と妥当性の諸根拠にもとづき原理的には成功しがたいことを、つまり、学問の基準に合致する形而上学がいまだまったく存在しないことを示す。これがカントの最終の言葉とすれば、形而上学に関する彼の実験は失敗に帰したということであろう。カントはたしかに自然科学の基礎を気づかう学問論者であるだけではなく、むしろ形而上学の伝統に対するその徹底的批判にもかかわらず、彼にとっては、形而上学の基礎を批判的に保証することによって形而上学を改革することがとくに問題であったが、これは、その場合には果たしがたい目標だと証明されたであろう。

カントに対して、それまで「形而上学」と呼んでいたものの非学問性を確信させたものは、すでに言及されたアンチノミーの発見、したがって、理性が、可能な経験の限界を踏み越えてそこで認識を求める場合には、必然的に自己矛盾に陥るという事実であった。カントは、物自体と現象との区別はア・プリオリな総合判断を可能にするが、この区別が同時にアンチノミーを解決するのにふさわしいと認識していた。

ところで、物を例の二重の観点から考察するなら、純粋理性の原理との一致が生じるが、だが一方の観点のもとで、理性の自分自身との不可避の抗争が発現することが見いだされる場合、実験は例の「物自体と現象との」区別の正当性を決定するのである（vgl. B XIX）。

ア・プリオリな総合判断が可能な経験の限界の内部で事実可能であるが、この代価が物自体と現象との区別である、ということが正しい場合、排除しがたいのは、例の限界が新たな意味での形而上学の存在をも容認するということである。そこでカントは事実、批判的仕事を終えた後で、自然の形而上学の輪郭と練り上げられた道徳の形而上学とを完成することに取り組んだのだった。

カントは、おのれの体系の部門のなかで学問としての形而上学の保証が問題である部門を、「超越論的哲学」と呼んだ。これが何を意味しているのかを、カントは『純粋理性批判』の緒論において次のように説明している。「たんに対象にではなく、対象に関するわれわれの認識様式――これがア・プリオリに可能であるべき限りにおいてだが――一般に、従事するすべての認識を私は超越論的と名づける」（B 25）。マックス・ホルクハイマーはかつて或るゼミナールでこれ以上考えられないほど見事な表現で説明してくれた。「『超越論的』とは、ア・プリオリな総合判断の可能性の条件に直接関係すること、を意味している」と。したがってわれわれの認識が端的に問題なのではない――この問題は心理学者、人類学者、人文学者、さらには歴史学者も探究するだろう――、むしろ、認識者であるわれわれが、ア・プリオリに対象に関するわれわれの認識へと持ち込むもの、そしてそれによって共に規定するものが問題なのである。なぜカントがこの表現を選んだのかは、スコラの超越概念論（Transzendentalienlehre）に対するカントの批判的関係から説明されうる。スコラの超越概念論の変形は、ヴォルフやアレクサンダー・ゴットリープ・バウムガルテン（1714～62）を通じてカントに知られていた（vgl. Irrlitz 153 f.）が、しかし幸運にもこの表現は洗練されていない。なぜなら、この表現は、たえず「超越的」との混同を招きやすいからである――カント自身が少なからざる箇所で「超越論的」と言って、「超越的」を意味しているのだからなおさらである。超越的とはまさに、超越論的哲学が排除しようと努めているものである。つまり、可能な経験の限界の彼岸の憶測的な認識、したがってこの限界を踏み越える（ラテン語では超越する（*transcendere*））認識である。

知と信

物自体はカントによればヌーメノンである。というのも、ヌーメノンという概念は「まったく感官の対象としてではなく、（もっぱら純粋悟性によって）物自体そのものとして考えられるべき物」という概念である。カントはこの概念を、「限界概念」と呼ぶ。ところで限界は、常に或るものと他のものを切り離す。こうして物自体という概念は、一方で学や改革された形而上学が可能とされる領域を表示する。同時に「感性の越権を制限する」（B 311）のがその課題である。したがって物自体と現象との区別は、「われわれの感性的認識の限界を示し、われわれが可能な経験によっても純粋悟性によっても満たし得ない余地を残存させる」（B 345）のに役立つ。このことに次のカントの有名な表現が関係している。「したがって私は、信に席を得るために、知を廃棄しなければならなかった」（B XXX）。「信」ということによっては、宗教上の信仰が特定の宗派的意味で考えられているのではなく、「主観的には十分」であるが「客観的には不十分」である「真とみなすこと」（B 850）が意味されている。カントは、主観的にも客観的にも十分な真とみなすことという意味での知は、現象の領野においてのみ可能であることを示す。だがこのことは、この現象の領域の外部に、或ることを主観的に十分な根拠をもって真とみなす――そのための客観的な保証はもたないが――十分な根拠が存在する、ことを排除するものではない。この「外部に」とは、物自体と現象との間に差異が存しないとすれば、もちろん対象を欠いているであろうし、感性の世界は限界をもたないことになるであろう。

伝統的形而上学は、これを承認して妥協しようとすることはなかったし、そのため、経験の彼岸を、「純粋悟性」によって、つまりたんなる思考による規定によって満たす計画を立てたのであった。だがそれは、学問としての形而上学にとっては絶望的な状態を示すほどに形而上学にとって好ましからざるものであった。そうはいっても、伝統的形而上学が認識しようとしていたことは、――これをカントは「神と自由と不死」という三つの大きな題のもとにまとめているが――無意味ではない。感性は現象の世界に限定されているのだから、形而上学の大思想に反対する論拠が経験的に示されることはありえない。形而上学において考えられたことを主観的根拠にもとづいて真とみなすことは、ともかくどんな客観的な認識要求もそれと結合されない限りは、可能であり続ける。カントは後の著作のなかで明らかにしているのだが、この哲学的信にはたんに適切な根拠があるというだけではなく、むしろわれわれは、本当は、神の存在と自由の存在と不死の魂の存在を想定することしかできないのである。しかも、われわれが道徳的存在者として自分を理解しているまさにその場合にはそうである。この場合、カントの言葉では「純粋な実践理性の要請」(KpV A 220 ff.[V, 122 f.])が問題である。こうした「純粋理性の実践的拡張」(B XXX)は、物自体と現象との区別を欠くなら、不可能であろう、それどころか不合理であろう。というのも、この区別は理論哲学と実践哲学との接点を表示するものだからである。

(二) 感性と悟性

カントによる大きな区別のうち、繰り返し仲介の試みを誘発するものである第二の区別は、感性と悟性との差異に関係する。すでに『純粋理性批判』の緒論でカントは次のように強調している。

人間の認識には二つの幹があり、これらの幹はおそらく共通の根から、とはいえわれわれには未知の根から生じている。つまりこれらの幹が、感性と悟性である。感性によってわれわれに対象が与えられ、悟性によって思考されるのである（B 29）。

こうしてこの未知の根の探究が、例の二つの幹の間のいわゆるスキャンダルな間隙を閉じるために、繰り返し行われることになった。それを動機づけたのはとくに、なかでもエドムント・フッサール（1859～1938）を継承する現代の現象学が、この場合カントに異を唱えたことであった。つまり、われわれの直接の自己経験においては、感性と悟性とは決して分かれて登場することはない、そこではいつもすでに一緒である。というのも、われわれは、何らの感性的な経験をも、それを少なくとも発端においてすでに概念的に解釈しておかないなら、意識することにはなりえない――いつもわれわれは或るものを或るものとして体験している――からである。また逆にいえば、おそらくまったく感性的関与を欠いている何らの思想も存在しない。なぜなら、われわれは常に記号やシンボルにおいて思考するのだからである（vgl. Peirce und Cassirer）。

カントは、たしかに自分を現象学者とは考えておらず、人間の認識の批判者と考えている。つまり、「あらゆるこれまでのことを一つの概念へとまとめ上げるためには、まず第一に必要なのは、この場合経験の生成（エントシュテーエン）が問題なのではなく、経験において含まれているものが問題であるということを読者に想い出させることである」（Prol A 87［IV, 304］）。経験の分解的「分析」（vgl. B 9 und Prol A 81［IV, 300］）に際してカントは、われわれがみずから生み出した可能性がない諸要素に突き当たる。これらの要素は、空想の所産ではなく認識が問題であるべきなら、われわれに与えられていなければならない。この与えられるものをカントは、経験論者と共に、受容性の能力である感性に割り当てる。だがわれわれは、思考の能力である悟性をももっており、この能力を欠いては同様に何らの認識も存在しない。この立場でカントは、経験論の伝統を批判する。経験論の伝統は、ジョン・ロック以来、この思考的要素をも感性に還元しようとする。これが原理的に不可能であるという主張が、認識に二つの幹を認める二元論の根拠とされている。つまり、思考はカントによればたんにもつことではなく、表象を生み出すこと、したがって自発性の能力なのである。

ところで合理論の学派は反対に、意識のあらゆる表象を意識の自発的働きに還元しようと企てていた。そのための基礎を提供したのが、ライプニッツの形而上学であったが、この形而上学は、魂を「窓も戸もない」モナドと捉えるものであり、モナドは、おのれの内で全宇宙を或る特定の程度の判明性において表現する能力を備えているとされる。これを背景として、感性と悟性の差異の場合には、意識の表現力における段階的相違のみが問題でありえたのである。だが、この場合たんに表象の程度の相違ではなく、むしろ表象の仕方の相違が問題であると証明されるなら、この場合も認識能力の二重性が必然的な帰結である。

　こうしてカントは、合理的形而上学をも経験論をも同様に批判する。

> ライプニッツは現象を知性化した。これは、ロックが、悟性概念を……ことごとく感性化した、つまり経験的な、あるいは抽象された反省概念でしかないものと偽称した、ことと同様である。悟性と感性のうちに、二つのまったく異なる表象の源泉を求め、だが両者が結合してのみ客観的に妥当する形で物について判断しうる、とするのではなく、その代わりにこの二人の偉人はそれぞれ、二つの源泉の一方にのみ依拠する……（B 327）。

カントはここで、二人の「偉人」の意見を少し認めうるように、たんに第三の立場に立っているのではない。経験論は、自然科学の可能性を認識することができなかったし、合理論はアンチノミーのために学問としては破綻した。カントによれば、彼らに悟性と感性の区別をすぐ想起させる物自体と現象の区別だけが、両者の弱点を免れることになる。ヌーメノンも物自体も、これらの「対象」は経験において登場することはないが思考の上で欠かせないものである。この場合思考の能力である悟性はそれ自身、自分の表象の自発的源泉でなければならない。悟性に還元されることができないもの――したがって「感性的直観の無規定な対象」である現象――は、その場合に意識の受容性を参照するように指示するのである。

それにもかかわらず、両者の区別を安易に比較対照することはできない。物自体が、たんなる思考のために残されているかもしれないのである。――さしあたり規定されていない現象は、認識の対象になりうるためには規定されなければならないし、まさにこのことは自発的能力である悟性の課題である。感性的直観において与えられたものからより詳しい規定を見て取ることは、経験論者が考えたように容易なことではありえない。というのも、感性的直観において与えられたものはたんなる「素材」であり、この素材は、われわれが認識可能なものに直面するためには、思考によって形式が与えられねばならないのだからである。

> 感性を欠くなら、われわれに対象が与えられることはないだろうし、悟性を欠くなら、対象は思考されないだろう。内容を欠いた思想は空虚であり、概念を欠いた直観は盲目である……。悟性は何も直観することができないし、感性は何も思考することができない。ただ両者が一つになることによってのみ、認識が発現しうるのである（B 75 f.）。

こうしてわれわれはカントによれば、世界に関するわれわれの知を、感性と悟性との協働の成果とみなさねばならないし、「両者の能力や性能は、その機能をも交換することはできない」（B 75）。

この場合問題は、どのようにしてこの解釈を、たんに主張しうるかだけではなく基礎づけうるのかである。カントはそれをさしあたりまったく人間学的に導入する。

> われわれの自然本性は、**直観**が決して**感性的**なもの以外のものではありえない、つまりわれわれが対象によって触発される仕方のみを含む、ということを必然的に伴う。これに対して、感性的直観の対象を**思考する**能力は、**悟性**である（B 75）。

これによって、知的直観の構想も直観的悟性の理念も排除されている。知的直観は、合理的形而上学の道具と受け取られていた。すでにデカルトは、生得観念に関する彼の学説においで、純粋な「精神の直観（*intuitus mentis*）」を、したがって、まるで一瞬の内でのように規定されたものを捉える精神の能力を考えていたが、スピノザとライプニッツもその点ではデカルトを継承している。これに反してカントは、われわれの悟性が論証的であると、つまり、悟性が、自分自身からは生み出しえないものである与えられるものに、形式や形態を与えるためには、いつも一連の思考の諸規定を次々に通過しなければならないと主張する。これに反して、直観する悟性なら、対象をたんなる思考のうちで直接その豊かな諸性質のままに把握する能力をもつだろう。そうしたことは、神に帰すことはできるが、だが、われわれが知っているような悟性に帰すことはできない（Prol A 171f.［IV, 355］）。われわれの思考は、認識になるべき場合には、感性を必要としている。このことによってわれわれの思考は、無限で神的な理性とは異なっている。たとえばライプニッツの中心モナドには、いつも同時に世界におけるあらゆる多様なものが現存していることができるとされたが、われわれの思考は、このモナドとは異なっているのである。

このようにカントは、感性と悟性との区別によって、われわれの理性の、有限性のみならず人間性をも考えている。他の理性的存在者も存在しうるかもしれないと考えることは排除できないが、とはいえ、われわれはそうした存在者については何も知らない。たしかにこの場合には、カントを独断的と批判するのは当然である。カントは、人間についての自分の説から、われわれの理性を人間の理性として記述するが、その説が正しい説であるということを擁護するのはいったい何なのか。他の人間学ならその場合には感性と悟性との関係をも別様に規定できるかもしれないし、実際繰り返しカントの説は、この方法で修正しようと試みられてきた。人間学的論拠のみでカントの説を実際擁護することはできないし、現象学的記述の手段によっても擁護することはできない。その強さはどこか別のところにある。

空間と時間

あらゆる感性の形式ではあるが、まったく概念的形式ではないような感性のア・プリオリなものも存在する。カントはもっぱらこの理由から、感性と悟性とが性質の面から異なっているほかないことを示しうるのである。感性もまたア・プリオリな総合判断の可能性の条件を分担していること、しかもこの分担があらゆる経験にとってすでに前提とされていること、これが超越論的感性論の論旨である。この場合「感性論（エステーティク）」とは、芸術の哲学という意味で考えられているのではなく、ギリシア語 *aisthesis*（知覚）に遡って、感性に関する説を意味している。この「超越論的感性論」（B 29 f.）は、空間と時間が、経験に由来しうる表象ではないことを示す。というのも、われわれが経験するすべてのことを、われわれはいつもすでに空間と時間の内で経験するからである。それに尽きず、空間と時間とは、われわれがなるほど空虚な空間や時間区分を表象しうるという意味では、必然的な表象である。だがそれは、空間と時間が決して存在しないということを意味しているわけではない。結局、空間と時間は概念ではない。というのも、空間と時間は、空間に関したことや時間に関したことの何らの普遍的徴表も示さず、空間と時間は単数だからである。つまり、あらゆる空間に関したことも時間に関したことも、われわれは一つの空間と一つの時間の内で指定するし、個別のことのみ表示するものは、概念ではありえない。たとえ空間と時間とが形式であり、その内であらゆるわれわれの経験の素材がいつもすでに前もって存在しているにしても、だが、空間と時間は直観の形式であって思考の形式ではないのである。

　ここですこし単純化した形で繰り返された証明を、カントは「形而上学的究明」（B 37 und B 46）という呼称の下に要約している。この場合「形而上学的」とは、空間と時間に関するわれわれの表象のうちにア・プリオリに含まれているものの説明という意味である。

これに反して「超越論的究明」（B 40 und B 48）は、空間と時間に関して前もって確認されたことが、ア・プリオリな総合判断の問題に対してもっている諸成果を考察する。カントは、直観形式としての空間と時間が、経験に依存しない学である幾何学を可能にするし、また、とくに物理学において欠かせない運動という概念を可能にすると主張する（vgl. B 40 f. und 48 f.）。現代の学問論は、この点ではもはやカントに従う気はないが、このことはカントの超越論的感性論の最も重要な成果を辱めるものではない。つまり、空間と時間がたんに物理的測定量の形式においてではなく、われわれの具体的で感性的な経験の文脈において問題である場合、この場合に示しうるのは、われわれが個々の空間的経験や時間的経験を行なう場合にいつもすでに関わっている非概念的形式が問題なのだということである。帰するところは、物自体と現象との間の区別である。というのも、これらの形式は、**われわれ**の形式だからである。われわれが知覚したり直観したりするものは、すでにそれらの形式によってかたちづけられている。したがって、そうした形式化に依存しないもの——物自体、をわれわれが知覚したり直観したりしうるということは、排除されているのである。

この結論をカントは、有名だが誤解を招きやすい表現「超越論的観念論と経験的実在論」（vgl. B 43f. und B 518f.）へともたらす。或ることが「精神的（イデエル）」であることは、デカルトの伝統では、それが意識の内にあるということを意味していた。ラテン語 *idea*、英語 *idea*、フランス語 *idée* は、最も適切には「意識の内容」とか「表象」と翻訳される。空間と時間の超越論的観念性によってカントは、「われわれがあらゆる経験の可能性の条件を除去し」(B 44)、空間と時間を規定として物自体に帰すや否や、空間と時間は何ものでもないということを意味している。空間と時間は、物自体の規定として経験を可能にするとすれば超越論的に実在的であろう。だがこれは、ア・プリオリな総合判断の可能性の諸根拠からして、事実ではありえない。だが同時にカントによれば、われわれが空間と時間において感性的に経験するあらゆることは、経験的に実在的である。というのも、感性的に経験するあらゆることは、与えられたものに基づいているからである。「受容性」や「現象」あるいは「与えられたもの」という表現が意味をもつようにするためには、この与えられたものに、われわれは物自体を「与えるもの」として付け加えて考えなければならない。カントは厳として、彼の哲学が、最初のまったく不適切な批評においてのように観念論として捉えられることに常に反論した[9](vgl. vor allem Prol A 62ff. [IV, 288 f.])。『純粋理性批判』の第二版においてカントは、二か所で「観念論論駁」を導入し、後にも彼は常に、おのれの説が観念論ではないと主張した。「観念論」ということで十八世紀には「存在するとは知覚されていることである(*esse est percipi*)」(存在は、知覚されることであり、他

刊行案内

No. 56

（本案内の価格表示は全て本体価格て
ご検討の際には税を加えてお考え下さ

ご注文はなるべくお近くの書店にお願い致し
小社への直接ご注文の場合は、著者名・書名
数および住所・氏名・電話番号をご明記の上
体価格に税を加えてお送りください。
郵便振替　00130-4-653627 です。
（電話での宅配も承ります）
（年齢枠を超えて柔軟な感受性に訴える
「８歳から８０歳までの子どものための」
読み物にはタイトルに＊を添えました。ご検
際に、お役立てください）
ISBN コードは 13 桁に対応しております。

総合図書目

未知谷
Publisher Michitani

〒101-0064　東京都千代田区神田猿楽町 2-5-9
Tel. 03-5281-3751　Fax. 03-5281-3752
http://www.michitani.com

8 歳から 80 歳までの子どものためのメルヘン

岩田道夫の世界

皮のない海＊

192 頁 1900 円
978-4-89642-632-8

なたは　本棚の中で／書物が自分で位置を換え／ドオデが一冊
ラの上へ／攀じ登ったりなにかすることに／お気づきですか？
題作他10篇。

長靴を穿いたテーブル＊

200 頁 2000 円
978-4-89642-632-8

―走れテーブル！
い終わらぬうちにテーブルはおいしいごちそうを全部背中にのせたまま、窓を飛び
え、野原をタッタッと駆け出しました。お客たちはびっくりして、ある者は腰を抜
し、ある者はほうきやフライパンや肉のつきささったフォークを持ってテーブルを
いかけました。……（表題作より）　　　　全37篇＋ぷねうま画廊ペン画8頁添

テーブルに走り方を教えた犬のアルブレヒト→

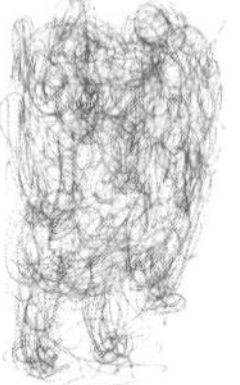

音楽の町のレとミとラ＊

ぼくは丘の上で風景を釣っていました。……えいっとつり糸
をひっぱると風景はごっそりはがれてきました。ブーレの町
でレとミとラが活躍するシュールな20篇。挿絵36点。

44 頁 1500 円
78-4-89642-632-8

ファおじさん物語　春と夏＊

978-4-89642-603-8 192 頁 1800 円

ファおじさん物語　秋と冬＊

978-4-89642-604-5 224 頁 2000 円

誰もが心のどこかに秘めている清らかな部分に直接届くような春夏
秋冬のスケッチ、「春と夏」20篇、「秋と冬」18篇。

らあらあらあ　雲の教室＊

シュールなエスプリが冴える！　連作掌篇集　全45篇
廊下に出ている椅子は校長先生なの？　苦手なはずの英語しか喋れない？　空
から成績の悪い答案で出来た紙飛行機が攻めてくる！　給食のおばさんの鼻歌
がいろんな音に繋がって、教室では皆が「らあらあらあ」と笑い出し……

192 頁 2000 円
978-4-89642-611-3

ふくふくふくシリーズ　フルカラー 64 頁　各 1000 円

ふくふくふく　**水たまり＊**　978-4-89642-595-6
ふくふくふく　**影の散歩＊**　978-4-89642-596-3
ふくふくふく　**不思議の犬＊**　978-4-89642-597-0

ふくふく　犬くん　きみは一体何なんだい？　ボクは　ほんとはきっと　風かなにかだと思うよ

イーム・ノームと森の仲間たち＊

128 頁 1500 円　　978-4-89642-584-0

イーム・ノームはすぐれた友だちのザザ・ラパンと恥
ずかしがり屋のミーメ嬢、そして森の仲間たちと毎日
楽しく暮らしています。イームはなにしろ忘れっぽい
ので　お話しできるのはここに書き記した9つの物語
だけです。「友を愛し、善良であれ」という言葉を作
者は大切にしていました。読者のみなさんもこの物語
をきっと楽しんでくださることと思います。

の何でもない）の認識論が理解されていた。この認識論を、ジョージ・バークリはジョン・ロックの経験論を土台にして唯物論の論駁として企てたのであった。ショーペンハウアーの「世界は私の表象である」というのは、このプログラムを継承したものだが、このことはカントの意図にはなかったであろう。カントは、たとえわれわれがこれらの物について知ることができるのは、すでに空間と時間という形式内を通過したことのみだといっても、われわれが経験のうちで現実の物に関わっているし、物に関するわれわれの表象にたんに関わっているのではない、といつも主張していた。まさにこのために、経験は、同時に経験的に実在的であり、たんに「われわれの表象」にすぎないものではないのである。それにもまして誤りなのは、「ドイツ観念論」をすでにカントから開始させることである。ドイツ観念論は、フィヒテと彼による物自体の清算とともにはじめて始まる。カントの理論に関する真正の自己表明は、「批判的哲学」（EFP A 491［VIII, 416］）と記されている。

9　プロレゴーメナの A 70 f.［IV, 293 f.］でカントは、誤解を招いた「超越論的観念論」という表現をも引っ込めて、代わりに「批判的観念論」で置き換えている。これによって、デカルトの「経験的」観念論や「バークリの神秘的で熱狂的な」（A 70［IV, 293］）観念論を助長することなく、空間と時間の観念性の理論が維持され続けるとされる。カントの「形式的観念論」に関する発言も参照のこと。

思考

感性と悟性は、カントによれば受容性と自発性と同様に相互に関係しあう。この際カントは「自発性」ということで、「表象そのものを産出する能力」（B 75）のことを考えている。これらの表象は、概念であるが、これらが悟性によって必要とされるのは、「感性的直観の対象」（B 75）を思考しうるためである。というのも、そのことによってはじめて対象が認識されるからである。「思考」とはより詳しくは何を意味しているのか、これが「超越論的論理学」のテーマである。超越論的論理学は、「一般的」あるいは「純粋」論理学から区別されるが、それは超越論的論理学が、思考をア・プリオリな総合判断の可能性に関して研究することによる。したがって超越論的論理学は、「思考一般の形式」（B 79）の叙述にとどまらず、内容に関する対象認識への思考の関与について問題とする。このためにはさしあたり、「思考」という概念の明確化が必要とされる。デカルトとロックは、事柄を意識しているあらゆる形の意識を「思考」（考える（*cogitare, to think*）と名づけた（vgl. Descartes, Med II, §14, und Locke II, II）が、われわれも、相変わらず、彼らに従う傾向がある。われわれが、「私は思考する（Ich denke）」を概念的な意味で使っているだけではなく、私は思う（Ich meine）、私は思い浮かべる（Ich stelle mir vor）、私は計画する（Ich habe vor）、私は意図する（Ich beabsichtige）と同じ意味で使う場合にもそうである。「思考」という概念のこうした拡張によって、彼らは経験的なものの「知性化」も、概念的なものの「感性化」も促進した。これに反して、カントにとって問題なのは、思考を一義的に悟性に帰属させ、そうして、どこに悟性特有の認識作業が存するのかをより詳しく規定することである。

　悟性は、非感性的認識能力である。われわれは感官を介してのみ或ることを直観しうるのだから、悟性は「直観の能力ではない」（B 92）。とはいえ、それでは悟性は、認識の能力としては何なのか。悟性は、みずから自発的に産出する概念の能力を意味する。とはいえ概念とは何なのか。カントはその答えのなかで、「直観的（イントゥイティーフ）対論証的（デスクルジーフ）」ならびに「触発対機能（フンクチオン）」という二組の対概念を使っている。悟性が論証的に処することは、知的直観という理念を排除する。この場合問題は、どのようにしてこの論証すること（*discurrere*）（ラテン語をドイツ語に訳すなら、文字通りには、「駆け回る（auseinanderlaufen）」という意味である）をさらに詳しく規定しうるのかという点である。カントは論証することを、感性が受容的に触発されることと区別して悟性の自発的な行為とみなしている。この行為をカントは「機能」と呼んでいるが、この機能に概念が基づいているとされる。「だが私は、機能ということで、種々の表象を共通の表象の下に秩序づける、働きの統一を意味する」（B 93）。後の箇所では、この統一機能は「総合」と呼ばれる（vgl. B 102f.）が、このことは、まさに表象を「秩序づけること」によって意味されていること、をはっきりさせる。「私は……総合ということで最も一般的な意味で、種々の表象を互いに付け加えて、それらの多様を一つの認識において把握する働きと解している」（B 103）。重要なのは、カントが、われわれに感性が提供する多様な表象についてのこの総合作業（ズュンテズィーレン）を、本質的に、悟性が秩序づけられていない質料に対して自発的に行なう形式化とみなしていることである。この形式化は、「感性的直観の対象」の認識をまさに初めて可能にする思考の特殊な作業である。現象を「経験的直観の無規定な対象」[10]と定義することから始めることによって、認識する思考を、無規定なものを規定することとみなすこともできるのである。

悟性は、諸形式に従って形作られていないものを形づくったり、無規定なものを規定したりするのだが、われわれがこれらの形式を思い浮かべる場合、われわれは、カントによれば悟性自身が自発的に産出する表象――まさに概念に、直面している。とはいえそれらの概念は、ケーキの生地にとってのケーキの枠型などと類似したものと受け取られるなら、形式としては根本的に誤解されていることになるだろう。それらの概念は、総合の形式、つまり、多様な表象が統一的な対象へと「構成されて」いるに至るまで、それらの表象を

10　これは、「Konstitution」［（体質、構造、憲法、など）］の正確な意味である。Vgl.Hogrebe.

論証的に「付加」する形式である。このため、概念は規則であり、カントもこの規則という言葉を使っている（B 356; Prol A 89 f.［IV, 305］）のだが、それは、思考の認識作業の特性をはっきり示すにはたいへん相応しいものである。したがって概念は、悟性が感性的多様を総合する際に、あるいは無規定なものを規定する際に手続き上において従う規則である。それらの概念は、悟性の機能の規則（フンクチオンスレーゲル）である。

ところで、概念のこの理論を超越論的論理学にするものが、少なくともア・プリオリな諸概念という核心的在庫品が存在しなければならないというカントのテーゼである。もちろんわれわれは、「哺乳動物」や「針葉樹」といった経験的概念も自由に使う。それらのものに関して経験的なのは、われわれが経験から知る対象の種類や等級に関する特定の徴表をそれらのものにおいて確定し、そしてそれらの徴表を個々の対象に適用するという点である。ところでカントの主張では、それらの徴表の内には経験からは由来しえない概念要素もいつも含まれているとされている。たとえば一本の針葉樹がわれわれの目の前にある場合、われわれはその針葉樹を唯一の対象として把握する。この対象はしかじかの性質をもち、しばらくの間は同一であり続けるし、実際にわれわれの前に立っている。われわれはしたがって、量、質、実体性、現実性といった表象に関わっているわけだが、これらの表象は経験的なものではありえない。なぜなら、それらの表象は、われわれが、無秩序で混沌とした多くの個々の印象ではなく、一般に同定しうる対象を、したがって一本の針葉樹を目の前にもつためには欠かせない前提だからである。

あらゆる認識をア・プリオリに必ず指導する概念的なこれらの条件を、カントは「純粋悟性概念」とか「カテゴリー」と呼んでいる。カントは、一般論理学を「導きの糸」[11]（B 91）とすれば、純粋悟性概念を発見できると確信していた。概念については、「概念によって判断する以外の何らの使用も悟性はなしえない」（B 93）からである。そこで概念による認識の能力としての悟性は、判断する能力以外の何ものでもない。だが判断することは、概念を対象へと適用すること、さらに詳しくいえば、多くの個々の対象にあてはまりうる一般的表象を、まさにこの対象にそれを規定するために適用することを本質としている。この意味でカントは、概念そのものを「可能な判断の述語」とみなしている。したがって私が、「これは針葉樹である」と主張した場合、私は判断したのである、つまり、私が「これ」ということで指示するものを規定するために述語を持ち出し、この述語を、規定されるべきものを示す表現［つまり「これ」］と結合したのである。したがって、概念による認識が判断することのうちに存する場合、われわれがあらゆるわれわれの概念形成においてすでに利用していた「純粋」悟性概念を発見するために、一般論理学の伝統的判断論を利用することは当然である。カントはその際、当時の論理学の教科書の十二の命題形態を含む判断表を、「あらゆる純粋悟性概念の発見の導きの糸」（B 91）として利用し、そこで「カテゴリー表」（B 106）でも十二の数に達している。

11　導きの糸（Leitfaden）の形象はアリアドネーの神話に由来するが、アリアドネーはこの糸の助けを得てミーノータウロスの迷宮からの退路を見つける。［訳者付記：通常は、テーセウスがアリアドネーの助けを得て、アリアドネーの糸に導かれ迷宮を脱したとされる（高津春繁『ギリシア・ローマ神話辞典』岩波書店、一九六〇年、一六一頁参照）。］

この処置はカントの後、あまりに簡略すぎると繰り返し批判された。この処置のもっともらしさに関していえば、実際は論理学の理解に依存しているのだが、この理解は、もはやわれわれの論理学の理解ではありえない。とはいえ、カントのカテゴリー表は懐疑的に見られるのに、ア・プリオリな思考の諸規定が存在し、これらの規定を欠くなら対象に関する認識は不可能なことになる、ということはいまだ論駁されてはいない。そのことを証明するのは、『純粋理性批判』全体のうちで難解な核心部分とみなされている「純粋悟性概念の超越論的演繹論」（B 129）の課題である。演繹論にカントは実にこの上ない努力を注ぎ、この著作の第二版では、演繹論はかなり変更せざるをえないことになった。この場合「演繹論（Deduktion）」ということで、形式論理学の意味での演繹（アップライトゥング）が考えられているのではない。カントはここではローマ法の法律用語に従っているのであり、そこでは「演繹（*deductio*）」は、「何が合法的であるかという問題（権利問題（*quid iuris*））」に対する答えという意味での合法性の証明を意味している。この「演繹論」の根本思想は、カントによればあらゆる悟性の作業にとって根本的で典型的なものである総合という概念から理解される。

総合の能力として多様な直観要素間の結合をもたらすのは悟性だから、カントにとって次のことは明らかである。

> われわれは、前もってみずから結合しておかないなら、何も客観において結合されているものとして表象することはできない。またあらゆる表象のなかで結合は、客観によっては与えられえず、主観そのものによってのみ実行されうる唯一の表象である。なぜなら、結合は、主観の自己活動のはたらきによるものだからである。……結合は、多様の総合的統一の表象である。したがってこの統一の表象は、結合から生じることはできず、むしろ多様の表象に付け加わることによって、結合の概念をはじめて可能にするのである（B 130 f.）。

もともとは結合されていないものを、「客観において結合されているもの」として表象する権能をわれわれに与えるのが純粋悟性概念だが、この純粋悟性概念の演繹の問題は、われわれがそうした結合を表象する場合、たんにわれわれの表象結合ができはなく、対象自身において相互に結合されている或るものについての諸表象が問題である、ということを示すことにある。われわれは、判断するために概念を使用するのだから、表象結合という場合には、「主観的に妥当」するにすぎない「知覚判断」が問題とされるだけである。——知覚判断が語るのは、どのようにしてわれわれの表象において表象されたものが結合されているのか、についてだけである。ところが認識においては、「客観的妥当性をもつ」「経験判断」（Prol A 78［IV, 298］）が問題なのである。これに対応して、純粋悟性概念の使用が特定の諸条件の下で実際に客観的認識を準備する、ということを証明するのが、超越論的演繹の目標である。この演繹の個々の歩みは、『純粋理性批判』の第二版で、一連の難解なパラグラフにおいて提示されている。

その際、鍵概念は「統覚の根源的で総合的な統一」（B 131）という概念である。「統覚」は、ライプニッツ以来よく知られた表現であり、カントが「私は思考する」によって表現している自己意識のことである。カントは、「私は思考する」について「これがすべての私の表象に伴いうる」（私の表象にたしかに常に実際に伴うのではなく）のでなければならないと語っている。カントによれば、私が原則的には常に「私は思考する」を或る表象の前面に措定しうるということによってのみ、或る表象は、私の表象である、したがって私の意識のうちに入りうるのである。この「私は思考する」は「純粋」である、つまり、それは経験由来のものではありえない。なぜなら、私は、この「私は思考する」を欠くならまったく何らの経験も行なうことができないからである。カントはさらに、この「私は思考する」が「根源的で総合的で」ある、しかも二重の意味でそうだと語る。一つは、「私は思考する」が思考一般の根本的様態として総合の根源だからである。他方、多くの私の自己知覚が、総合によってのみ「私」という統一体（アインハイト）へと組織されたと考えられるということが、私の自己意識を考慮してもまた通用するからである（vgl. B 131 ff.）。結局のところカントは、思考が空間と時間において与えられたものに関係して、この与えられたものをおのれ自身の総合形式に従って規定するまさにその場合には、種々のカテゴリーにおいて示される悟性の根源的で総合的な作業としての「私は思考する」が、たんにもっぱら主観的な知覚判断にとってではなく、客観的に妥当な経験判断にとっての土台である、ということを示そうとしているのである。「一層客観的な」客観性は存在しない。というのも、「それぞれの対象は、可能な経験における直観の多様に総合的統一を与える必然的条件に従う」（B 197）からである。ここから帰結するのは、「経験一般の可能性の条件」としての感性と悟性「は、同時に経験の対象の可能性の条件である」（B 197）し、他の対象をわれわれは認識できないということである。

これによってカントはまた、どのようにしてア・プリオリな総合判断が可能であり、通用するのか、という問いに根本的に答えたのである。悟性が、カテゴリーと一致しながら、かつ空間と時間のうちで与えられたものと緊密に関係しつつ判断する場合には、ア・プリオリな総合判断は客観的なものとして通用する。超越論的論理学の比較的詳しい説明においてカントは、そのような客観的に通用するア・プリオリな総合判断を、超越論的論理学の「原則の分析論」において提示した。そうした原則を代表する最も有名な例が、「経験の第二類推」、つまり、「生起する（存在し始める）ものはみな、規則に従っておのれに後続する或るものを前提とする」（A 189）あるいは「あらゆる変化は、原因と結果の結合の法則に従って生じる」（B 232）である。これは「因果律」と呼ばれる。デイヴィド・ヒュームは、因果律が普遍的かつ客観的に通用することを疑った。なぜなら因果律は、たんに体験を通じて規則的な事柄に主観が慣れてしまった、その帰結の表現でしかないからであった。ヒュームは、この懐疑的態度によってカントを「独断のまどろみ」（vgl. Prol A 13［IV, 260］）から目覚めさせたのであった。これに反してカントは、この因果律という原理を「原因性と依存性との関係」（B 106）という純粋悟性概念へと還元する。この純粋悟性概念は、空間と時間のうちで与えられたものと緊密に関係しつつ実行された演繹論に従って、

「経験の第二類推」を客観的に通用するア・プリオリな総合判断として根拠づける。こうして、ア・プリオリな総合判断は可能な経験の限界内で可能でかつ通用する、ということが一般的に承認されるのである。

(三) 悟性と理性

これまで理性については、批判哲学の中心的な対象であるにもかかわらず、まったく語られなかった。悟性と同様に理性は思考の能力であり、そこで理性に対しても悟性について語られたことが当てはまる。つまり、理性は本質的に総合の能力である。もちろん悟性から理性は区別されるし、理性総合はより高次のレベルで行なわれる。

あらゆるわれわれの認識は感官からはじまり、そこから悟性へ、そして理性で終わる。理性を越えては、直観の素材を加工してそして思考の最高の統一のもとにもたらす何らのより高次のものも、われわれの内には見いだされない（B 355）。

ここから第二段階の総合モデルが生じる。つまり、悟性は、感性的多様へとカテゴリーを適用することによって多くの個々の認識を産出するが、これらの個々の認識は、統一的で見通しのきいた世界把握に対するわれわれの関心を満たされないままに放置しておく。まさにここで理性がはじまる。

したがって理性は、決してまず最初に経験に、あるいは何らかの対象に関係するのではなく、悟性に関係するのだが、それは悟性の多様な認識にア・プリオリな統一を概念によって与えるためである。この統一は、理性統一と呼ばれうるものであり、悟性によって遂行されうるものとはまったく異なる種類のものである（B 359）。

この場合も、諸認識の理性統一が、それらの認識そのものから容易に察知されうるわけではない、ということは確実である。むしろ理性統一は、カントが「純粋」悟性概念つまりカテゴリーと区別して、「理念」と名づけるア・プリオリな特殊な概念を前提としている。

この「純粋」理性概念を探し出すために、カントは、ふたたび導きの糸として伝統的論理学に従い、そして理性を、悟性と区別して、判断の能力ではなく推論の能力と規定する。推論が何であるかをわれわれに示しているのは、カントによれば伝統的三段論法である。

る。——たとえば、すべてのAはBである。すべてのCはAである。ゆえに、すべてのCはBである。こういった形の三段論法は、個々の判断を結合するが、それは、判断における諸直観の総合によってではまったくなく、すでに提出されている諸判断の総合によって新たな判断が結果として生じるように結合するのである。この「より高次の総合」を可能にするものは、もはや諸判断の総合が問題とされる場合のそれらの諸判断と同じ種類のものではありえない。

カントは、悟性の特異なことを規則という概念によって特徴づけていたが、こうしてカントはさらに、「悟性が規則を介して現象を統一する能力であるなら、理性は悟性規則を原理の下に統一する能力である」（B 359）と語る。論理学の意味での原理は、カントによれば「すべてのAはBである」のように大前提として、推論が「成り立つ」つまり論理的総合がうまくいくために前提とされねばならない命題である。こうして理性にとっての原理なのが、カントの言葉によれば、「理性の判断（結論）にとっての普遍的条件」（B 364）である。個々の推論の場合にはそうした原理は、もちろんたんに言葉の相対的意味での原理にすぎない。そうした原理は推論の条件であるが、これらの条件そのものは上位のより普遍的な推論によって条件づけられているのである。条件の全体性そのものはもはや条件づけられてはいないものだが、こうした条件のすべての条件を突き止めた場合にはじめて、

「理性統一」は達成されていることになるだろう。理性統一は「絶対的」であり、したがってすべての条件から「分離されて」いる。というのも、それは諸条件をすべておのれの内に含んでいるからである。ここから、カントにとって認識に関する「（論理的使用における）理性一般の固有な原則、つまり……悟性の条件づけられた認識に対して無条件なものを見いだすこと、そしてこれによって悟性の統一が完成されること」（B 364）が結論として生じる。したがって、悟性が概念による統一をもたらす感性的経験の領野にはとどまり続けないのが、理性自身の「論理的衝動」である。理性は、多数のそうした条件づけられた認識統一では満足できず、必然的に次のことを探し求める。つまり、

与えられた条件づけられたものに対する諸条件の全体性を「探し求める」。ところで、無条件なもののみが諸条件の全体性を可能にするのであり、反対に諸条件の全体性はいつもそれ自身無条件なのだから、純粋理性概念一般は、無条件なものという概念が条件づけられたものの総合の根拠を含む限り、無条件なものという概念によって説明されうる（B 379）。

カントによれば三つの理性概念が存在し、これらの理性概念によって、理性は無条件な

ものに目を向け、それを認識しようと努める。これらの「理念」を理性の論理的機能から導出することは、『純粋理性批判』の最高傑作のひとつであり、この導出は、実に賢明な仕方で、合理論者と経験論者の間の「生得理念［生得観念］」をめぐる争いを終結させる。カントは、われわれが経験から手に入れたとは考えられない諸表象を自由に使うという点で合理論の党派と同じ意見である。それらの表象には、空間と時間やカテゴリーと並んで純粋理性概念も属する。これに反して経験論者はその主張によって、これらの理念が、「生得的」ではない、つまりたんにわれわれの内に存在してそこで知覚可能であるのではない、ことは証明されていると考える。理念の位階をカントは、カテゴリーの存在との緊密な類比において次のように説明する。つまり、純粋悟性概念が悟性総合の種々の形を表示するように、そのように純粋理性概念は、理性総合の根本的モデルをわれわれに提示する。――こうして、「諸条件の総合における絶対的全体性」を「端的につまりあらゆる関係において、無条件なものとして」（B 382）提示する。したがって、無条件なものであるこれらの概念は、われわれの理性自身によって必然的に産出されるのである。というのも、カントによれば、理性はおのれの「論理的衝動」に従って、理念という形式において思い浮かべる統一に向けて、最高の総合を求めることしかできないからである。

無条件なものであるこれらの概念に至る「導きの糸」を用意するのは、カントによれば、

また も伝統的な論理学であり、しかも厳密には、定言的推論と仮言的推論と選言的推論とに区別された推論の理論である。すでに言及された「すべてのAはBである」等々は、定言的（断言的）推論の例である。というのも、最初の前提は、たんなる主張命題だからである。これに反して仮言的推論は、大前提として「もし……なら、その場合は……」を扱う。一方選言的推論は、「AでもBでもCでもなく、したがってDである」という形式をもつ。カントは、この推論形式を媒介として、この推論の「推論すること」に対する条件の全体性を突き止めようとするが、この場合三つの形式の無条件なものに達するほかない。つまり、「それ自身はもはや述語ではない」主語という形式へ、次には「何もさらに前提としない前提」の形式へ、第三には「一つの概念の区分を完全にするために、それ以上何も必要とされない区分の諸項、の集合」の形式へ達するのである（B 379）。

このモデルをカントは、次にわれわれの表象へと適用するが、その結果として、この領域において無条件のものへの推論がどこに導くのかを具体的に述べることになる。カントによれば、「われわれは、概念かそれとも理念を諸表象に関して形成しうるが、これらの表象のあらゆる関係は三種ある。第一は主観への関係、第二は現象における客観の多様への関係、第三はあらゆる物一般への関係である」。カントは、これらの三つの関係を三種の推論形式と結合して、そして、次のように主張するのだが、これは難行苦行に似ている。

その主張とは、これらの推論形式をわれわれの表象関係へと適用して、これらの推論形式を無条件なものに至るまで押し進めることによって、あらゆる純粋理性概念が生じるし、それらの概念は次のようになるというものである。

> [純粋理性概念は] 三つのクラスに分類されうる。その第一のクラスは思考する主観の絶対的な（無条件な）統一を含み、第二のクラスは現象の諸条件の系列の絶対的な統一を含み、第三のクラスは思考一般のあらゆる対象の条件の絶対的統一を含む（B 391）。

これによってカントは、おのれの時代の形而上学の三つの大きなテーマを、理性の活動そのものにもとづいて再生したと主張する。

> 思考する主観は心理学の対象であり、あらゆる現象の総括（世界）は宇宙論の対象であり、思考されるすべてのものに関する可能性のために至高の条件を含む物（すべての存在者の存在者）は神学の対象である（B 391）。

形而上学にはさらに、普遍的な対象理論である存在論も属していたが、「存在論を除いて」形而上学の部分領域であるそれら三つの学問は、「合理的」学問分野を自任していた。これらの学問分野は、「純粋理性から」魂と世界と神について重要なことを突き止めうると考えていた。しかも厳密には、ア・プリオリな総合判断の形式においてそうできると考えていた。加えてカントが示しているのは、そうした企てがたんに無意味なのではなく、形而上学の問題が、避けがたく徹底的な熟慮を強いることである。こうして、啓蒙という経験的に気分づけられた世紀のなかで優位をえたと思われた形而上学の軽蔑者たちに反対して、カントのもとで形而上学の復権について語りうることになる。

それにもかかわらず、カントが『純粋理性批判』のまさに初めに語っていることが重要である。

人間理性は、おのれの或る種の認識において特別な宿命をもっている。人間理性は、拒否することのできない諸問題によって悩まされる。というのも、それらの問題は人間理性に理性そのものの自然本性によって課せられているのだからである。とはいえ、人間理性はそれらの問題に答えることもできない。というのも、それらの問題は人間理性のあらゆる能力を越えているからである（A VII）。

これは、カントによれば学問としての形而上学がいまだまったく存在しない、その理由である。理性はこの問題を自問することしかできない。やはり、理性が答える能力を持っているのか持っていないのかを、みずから厳密に規定しない限り、答えは混沌としたものにしかならない。そこでまさにこれを規定することが、理性批判の仕事ということになる。

批判を欠くなら、理性はたんにその「論理的衝動」に従い、無条件なものめがけて飛躍し、その結果「超越論的仮象」の世界へと陥る（B 349ff.）。超越論的仮象は、主観的に思考の上で必然的なものを客観的に妥当なものとみなす。その場合、「思考一般の論理的究明は……誤って客観の形而上学的規定とみなされ」（B 409）る。このような具合に、われわれがわれわれの純粋理性概念によって思い浮かべるもの、したがって魂と全体としての世界と神とは、トリオを組む高次の認識対象として登場する。カントはこれを、たんに見破りうるだけで廃棄しえない「自然で不可避の錯覚」とさえ呼んでいる（B 354）。この「超越論的仮象」の理論と批判とを包括する超越論的論理学のこの部分を、カントは「超越論的弁証論」と呼んでいる。超越論的弁証論は、カントのもとで「超越論的分析論」と呼ばれている悟性の論理学と異なり、理性の「論理学」を含んでいる。[12]

12　カントはこの場合、論理学を分析論と弁証論に区分するアリストテレス以来の伝統的区分に従っている。

超越論的弁証論の機能は、伝統的形而上学に関してはとりわけ消極的なものである。ア・プリオリな総合判断は、可能な経験の限界内でのみ可能であり通用する、と確定している。だがこのことは、形而上学の判断には当てはまらない。というのも、形而上学の判断は、経験においてはけっして与えられえない無条件なものへと飛躍することによって、経験の限界を越え出て、物自体を認識しようとするからである。しかしこの場合、カントはこのまま放置してはおかない。カントは、実に精確な細々した仕事において合理主義的形而上学の論証構造を露わにし、その際、形而上学的理性がそれ固有で不可避の錯覚に陥るまさに問題点を示している。形而上学は、経験的学問にとって、あるいは常識にとってさえ有利なようにと、たんに放置しておくにはあまりに重要でありすぎるのである。

合理的心理学にあっては、とくに魂の不死を証明することが問題である。カントは、合理的心理学がここで「誤謬推論」に、つまり、誤った推論にだまされることを示す。誤謬推論は、あらゆるわれわれの意識の働きにとって不可避の主観的前提である「私は思考する」から、非経験的認識の憶測的な対象である一つの自我（ein Ich）へと推論されることによるものである。――合理的宇宙論は、理性の背反論の領野である。ここで合理的宇宙論は、矛盾に陥ることを回避できない。なぜなら、合理的宇宙論は世界の全体への関係において或ることを証明できると考えるが、とはいえ同じ論理的一貫性を維持しつつその反対をも証明できると考えるからである。世界は時間的始まりをもっていたのか。一方の答えは、世界は始まりをもっていたのでなければならないというものである。さもないと、まさにあらゆる時点にすでに無限の時間が経過していたことになってしまうだろうからであるし、また「無限＋1」はまたも「無限」ということになるから、ある時点を他の時点から区別できないことになるだろうからである。同時にもう一方の答えは、世界は時間においてどんな始まりももったことはありえないというものである。というのも、始まりに先立って何かが存在したなどということはありうるわけがないからである。[13]――それに反して合理的神学の中心は、神の証明であった、したがって、純粋理性にもとづき、啓示に依存しないで、神の存在を証明して神に一定の性質を認める企てであった。

13　あるユダヤの宗教者が「神は、世界の創造に先立って何をしましたか」と問われた。答えは「神はそうしたことを問う人々に対して地獄を創造しました」というものであった。

ア・プリオリな総合判断の土台とされたのは物自体を現象から区別することであったが、この総合判断の可能性の諸条件を想起するなら、それは形而上学にとって、合理的心理学は存在しないということを意味している。それというのも、われわれがおのれ自身について知ることは常に経験にもとづくからである。それに反して、「私は思考する」の理論は、経験的学問分野ではない超越論的論理学にふさわしいものである。それというのも、超越論的論理学は、何はさておき、どのようにして経験一般が可能かを示そうとするものであり、このことをすでに前提とすることはできないからである。[14]――宇宙論的アンチノミーを免れうるためには、どうすればいいのか。宇宙論的アンチノミーは、われわれの世界認識が到達できない領域において生じ、この領域の内で物自体について、あらゆる現象の彼岸で何らかの意味をもとうとするものだ、ということを承認するしかない。もっとも、全体としての世界は経験の対象ではない。そのため宇宙論は、経験の学問としてのみ存在しうるのである。――神の証明にカントは、超越論的弁証論のかなりの紙幅を費やしているが、それによって彼は、神の問題が彼の生きた時代においては人間にとって意味を持っていたという事実を考慮に入れているのである。それは、われわれが今日なんとかようやく思い浮かべることができるようなものでしかないが。カントは、種々の形の関連する論証を一つの核心へと還元する。つまり、異なった仕方で神の概念から取り出しうると信じた存在「つまり、「神が実存するとか存在する」という場合の存在（実存）」が、本当に神の概念に属するのか否かという問題へと還元する。カントは、存在は「実在的（レアール）述語」ではないと指摘する。たんに思考された一〇〇ターラーから区別するために、一〇〇ターラーに存在を付け足しても、一〇〇という数を増やすことはなかった。とはいえ、存在が、原理的には何らそうした［たとえば一〇一に増やす］規定ではないとしても、完全な存在者である神にとってその完全性のためには［「存在」も「完全性」の成分だから］欠くこともできない。こうして、存在はたんに概念上の諸理由から神にふさわしいものではありえない。神に存在を認めようとするなら、ア・プリオリな総合判断が必要とされているが、ア・プリオリな総合判断についてわれわれは、経験の限界の外部では自由に処理できない。いかなる「たんなる概念にもとづく純粋理性認識」（MAN A VII［IV, 469］）も存在しないのである。*

14　これは、あらゆる心理学的、社会学的あるいは進化論的カント解釈や解読に対する異議として十分であろう。

＊　カントによる「神の存在論的証明」に対する批判の内実は、シュネーデルバッハの説明に、分析判断との対比という観点を加えると容易に理解できるであろう。「存在」が肯定的規定として神に属するという伝統的な神の存在論的証明をカントは、本来そうあるべきなのに、総合判断たりえない、つまり分析判断として扱うにとどまっているとして論駁している。ライプニッツにとっては「カエサルはルビコン川を渡った」といった「事実の真理」も分析判断であったことを考えれば、カントの主張の特異性は容易に想像できるであろう。当該箇所の重要性を考慮し、シュネーデルバッハの説明を補うに十分なものとして、簡単に入手できる次の拙論を挙げておく。「カントにおける分析判断と綜合判断」日本哲学会編『哲学』第三八号、一九八八年。

もっともこれは、形而上学の遺産に関するカントの最終発言ではない。魂、全体としての世界、さらに神が、認識対象ではないとしても、だがそれらは、理性が不可避的に生み出す表象であるし、そのため、たんに無意味なものではありえない。カントはこれらの純粋理性概念を、統整的理念と解している。つまり、たとえそれらの純粋理性概念が、純粋悟性概念と違って、原理的には何らの対象認識ももたらすことができないとしても、それでもなお認識過程の内部で重要な機能をもっている。その機能は、個々の悟性認識を「調整し(レグリーレン)」、組織し(オルガニズィーレン)、そして、それらの悟性認識を、達成されるべき認識目標にもとづいて秩序づける(オルドネン)ということにある。もちろん、そうした認識目標がすでに達成されていることは要求しがたいのであるが。少なくともわれわれ自身と世界全体とを認識すること――これは、カントにとって、あらゆるわれわれの知一般にはじめて内的な連関と意味を与えるためには避けがたい企てである。カントの著作全体において、このたんに統整的な理念の意味は、倫理学において「実践理性の要請」として帰還することによってさらに強調される――「神と自由と不死性」というトリオの形で。

　悟性と理性との間にカントが設けた厳格な区別は、「物自体と現象」の区別や「感性と悟性」の区別と同様の対立に属するが、これらの対立は、継承者たちに対していつも新たな媒介を試してみるように促した。理性を可能な学問的認識の領野から締め出そうとし、理性に統整的機能のみを承認すること、これはカントの後、多くの人にとってはあまりに物足りないものだった。事実、カントは、われわれの理性能力の限界を規定してわれわれの理性の有限性をはっきりと強調していたのだが、ところがとくにドイツ観念論はそれで満足しようとはしなかった。哲学者たちは、最終的には物自体に関する問いにおいて分かれた。フィヒテとともに物自体を間違った思考上の規定としてその分野から取り除くことができたなら、有限な人間理性というテーゼも自由裁量に任されていることになり、絶対者の新しい哲学が議事日程に載ったのである。この新しい哲学のパースペクティヴにおいて次にヘーゲルが主張できたのは、カントが理性を前もって悟性に還元したから、ただそのために理性を有限として信用を失墜させることができたということである。これに反して真の理性は、理性の背反論においてカントを理性批判へと動機づけた矛盾を、理性の本来的要素として、また真理への途上での推進力として認識しなければならないだろう。その結果として弁証論は、もはや仮象の論理学ではなく、いわゆる真の哲学的認識の論理学であることになる。

カントの文章のなかでおそらく最もよく知られているのが、次の文である。「あなたの意志の格率が常に同時に普遍的な立法の原理とみなされうるように、行為せよ」（KpV A 54［V, 30］）。「定言命法」とも名づけられたこの定式を、カント自身は「人倫法則（ズィッテンゲゼッツ）」（KpV A 56［V, 31］）とも「純粋実践理性の根本法則」（KpV A 54［V, 30］）とも呼んでいる。すでにそのことによって、彼の実践哲学の基本特徴が明確になる。「実践哲学」が意味しているのは、この場合、哲学が実践的になるという意味ではなく、実践に関する学、つまり人間の行為に関する学問になるということである。学問として哲学は、人間の行為をたんに記述することでは満足できない。むしろ近代における学問の理解によれば、人間の実践の第一原理を探究し提示することが、学問としての哲学の課題である。カントが求めているのは、定言命法を「人倫法則」として定式化することによってそれをはたすことである。「人（ズィッ）

倫」という言葉は、われわれになじみの狭義の道徳（ズィットリヒカイト）と解されることはできないし、まして民衆の習俗（フォルクスズィッテン）と解されることもできない。この言葉は、ラテン語「*mos, mores*」（習慣、慣習（ブラウホ）、礼儀（ゲズィトゥング）」）の翻訳と解されるべきである。そのため、カントの道徳哲学（モラルフィロゾフィ）は、狭義での道徳と並んで、法や政治の原理、したがって人間の行為の分野全体の原理をも包括しているのである。もっとも「*mos*」という言葉は、哲学の術語においては、まったく同義であるギリシア語エートスのラテン語訳である。そのため、カントの場合、「道徳哲学」と「倫理学（エーティク）」という両表現は同義である。

　カントによって提示された「人倫」の「根本法則」においてまずもって注意を引くのは、この根本法則が、命法、つまり命令あるいは指令の形をとっていることである。この法則は、そこから引き出されうるすべてのことを規定するので、カントの倫理学は、義務論的（deontologisch）（ギリシア語 *deî*（必要である、しなければならない）、ギリシア語 *tà déonta*（義務））である、つまり、当為［為すべし］倫理学、あるいは規範的な義務倫理学である。したがってこの倫理学は、人間が実際に行為する際に従う原理や法則にも、あちらこちらで義務とみなされるものを記述することにも関心をもってはいない。この倫理学は、もっぱらわれわれ自身に義務を負わせ、客観的にわれわれの義務を根拠づけるものに関心を寄せているのである。

もっぱら為すべきことならびに為されるべきこと（das Sollen und Gesollte）に定位することは、さらにカントの学説を、価値倫理学と財倫理学（*Güterethik*）という二つの伝統からも区別するが、この伝統はプラトンとアリストテレスを創始者とするものである。プラトンにとって善という理念は、十九世紀の術語でなら最高の「価値」とみなされるものを意味する。善というこの最高の価値に、善い生活と行為は、これが成就すべきなら、定位していなければならない。アリストテレスによれば、最高の善のために、善いものであるあらゆることが熱望されるのだが、この最高の善は幸福である。プラトンとアリストテレス両者の構想のうちには、当為［為すべし］が、もちろんまったく和らげられた形でのことだし道徳的善の原理であることからはかなり隔たってはいるが、完全に見いだされる。当為は、この場面では全面的に正しい認識の事案にとどまる。

　カントの道徳哲学は、理性の倫理学、より厳密には実践的理性の倫理学であることによって、彼以外の人の構想からは今後もはっきり区別される。これは、一面では、シャフツベリーやハチソンやヒュームによって主張され、後にはショーペンハウアーによって再び継承された確信、つまり、道徳の基礎は特別な道徳的な感覚（ズィン）（モラル・センス）あるいは感情のうちに探されうるという確信からカントの道徳哲学を隔てている。この場合には、カントは実践理性に固執するのである。その他にカントが一線を画しているのは、道徳的洞察の理論的洞察への還元に関係しているが、この還元は、プラトン的－アリストテレス的伝統を模範としてクリスティアン・ヴォルフの普遍的実践哲学をも規定したものである。その場合鍵概念は完全性という概念であった。この際には、心が完全なものを認識したら、心はこの完全なものを実現しようとすると想定されたのであった（vgl. Henrich 236）。これに対してカントは、実践理性とその原理とは自立的であると指摘するのである。

　カントの実践哲学のこの特殊性は、以下でその実質的な関連のうちで究明されることになる。その際には、今日に至るまで批判の十字砲火を浴びている有限性の倫理学がここでは問題なのだ、という証拠も絶えず重要であろう。二つのもっとも重要な非難のうち第一のものは、この倫理学のいわゆる合理主義に関係しているが、この合理主義は「冷たい」義務の見方が有利なように感情や傾向性を過小評価するものである。もう一つの非難は、とくに繰り返し批判された形式主義に関係しているが、この形式主義は、批判者たちによれば、何もかもみな道徳的に命じられたもの、したがって義務として明示することを許すものである。これ以上に知られている批判点が厳格主義というそれであるが、カント自身は理由なしに厳格主義を甘受することはなかった。これらの非難については以下で取り上げることにする。

(一)　存在と当為［為すべし］

「自然とは、普遍的法則に従って規定されている限りでの、物の現存在である」（Prol A 71［IV, 294］）。この形式的自然概念によれば、人間が行為する場合に生じることは原理や法則に従って生じるが、その原理や法則は自然科学に属するものである。こうして、この意味では心理学、自然的（フューズィシュ）人類学、さらにはわれわれが今日社会学に分類するすべてのことも自然科学の学問分野に属するものである。問題は、どのようにしてこの前提下で実践哲学の独自性が根拠づけられうるのかという点である。アリストテレスの場合、それは存在論的に、つまり、異なる存在領域を区別することによって行なわれた。物理学は、運動や変化の原因をおのれ自身のうちにもつ運動するものや変化するものを扱うが、倫理学は、それとは事情を異にする運動するものや変化するものについて、つまり、人間による行為や行為の結果について扱う。というのも、それらの原理や原因は行為者自身だからである（vgl. Aristoteles, Met 1025b 19ff.; auch 1064a 10 ff.）。

　そうした［区別の］基準は、批判的哲学には拒まれている。というのも、そうした基準はすでに、可能性がいの一番に問題とされるような特定の形而上学を必要とするからである。実践哲学においても批判的途が「もっぱらいまだ未解決のまま」である。したがって、実践哲学の特殊な地位をたんに普遍的な自然科学のために放棄し、それによって自然主義者になりたいのでないなら、区別の原理が理性そのものの内で見いだされなければならない。その原理は、カントにとっては存在と当為との差異にある。

> 当為は、理性以外には自然全体のうちでは現われない一種の必然性および根拠との結合を表現する。悟性は自然について、何が現に存在するか、あるいは存在したか、あるいは存在することになるかを認識しうるだけである。或るものが自然のうちで、このものがあらゆるこの時間関係において実際にあるのとは異なるあり方で存在すべきであるということは不可能である（B 575）。

倫理学が本質的に、為すべきことならびに為されるべきことと結合されていることは、古くからの思想である。すでにキリスト教の十戒は、「汝は…すべきである」「汝は…すべきでない」という形の命法から成っている。ギリシアの伝統において、倫理学を義務論として根拠づけたのがストア学派である。その根本思想は、とくにキケロの著作によって後世に知られていた（vgl. Delekat 257; auch Kersting）。その思想は、その最高の倫理的原則「自然に従って生きる」を擁護する場合には、自然法則（*lex naturae*）を論拠としている。これによって意味されているのは、自然のうちでいずれにせよ生じることへのたんに賢明な適合ではなく、むしろこの場合には、それが生じる際に従う法則つまりロゴス（*lógos*）が、同時にノモス（*nomos*）、つまりあらゆることが生じる際には従わねばならない指令とみなされているということである。そのように、ストア主義においては、自然科学は常に同時にまた第一に実践哲学と見られている。キリスト教的で近代的世俗的な自然法思考の伝統は、広範にストア派の倫理学とその特殊な法思考によって刻印されている。この法思考においては、法概念の記述的説明的意味と規範的意味との間、したがって実在的な合法性と法の指令との間は決して明確には区別されなかった。[15] 実践哲学の歴史にとってカントがとりわけ意味をもっているのは、彼がこの伝統的両義性を全面的に解消し、そしてわれわれが哲学において二つの原理的に異なり相互に還元することができない種類の法則、つまり存在の法則と為すべきことならびに為されるべきことの法則とに関わっている点である。

その場合に重要なのは、ここでは法則定式間の文法的相違がたんに問題なのではないと示すことである。存在と当為との差異は、自分自身を批判する理性のパースペクティヴにおいて示されうる実質的な根拠をもたなければならない。すでにカントは『純粋理性

15　この限りここでは、存在から当為への「自然主義の誤謬推理」も存在しない。

批判』のなかで「われわれがあらゆる実践的なものにおいて実行力に規則として課する」(B 575)命法について語っている。『人倫の形而上学への基礎づけ』によれば、われわれはこれらの規則がいつもすでに「通常の人倫的理性認識」において機能しているのを発見する。この人倫的理性認識は、「正直で善良であるために、それどころか賢明で有徳であるために何を行なわねばならないかを知るために」「何らの学問も哲学も」必要としないものである[16](GMS BA 21 [IV, 404])。したがって、人々に礼儀作法(モーレース)を教えることは倫理学の課題ではないが、それにもかかわらず「知恵でさえ——知恵は、知よりもふだんはおそらく行動のうちにより多くある——やはりまた学問を必要とするが、それは学問から学ぶためではなく、知恵の指令に通路と持続性とを得させるためである」(GMS BA 22f. [IV, 405])。こうしてカントは、存在とは区別されうる当為の現実性を、道徳的に命じられていることつまり義務であることに関する前哲学的知に割り当てる。実践哲学は、この知を生み出すことはできないが、この知を、解明し確保し、まったく道徳など存在しないと主張する倫理的懐疑論から守らなければならない。カントは理論哲学において、数学と自然科学におけるア・プリオリな総合判断の現実性を前提として、そうしておいて、それらのア・プリオリな総合判断がどのようにして可能であるかと問うのだが、それと同様に、カントの倫理学は、義務であることの事実的意識を糸口とする。ともかくその場合に哲学の作業がはじめて始まる。というのも、事実的義務意識でさえ批判を必要とするからである。なぜなら、われわれがおのれの義務とみなすことやわれわれに対して義務として要求されること、これらのすべてが現実的にも義務であるわけではないからである。

16　何が善く何が正しいかを知るためには、哲学を研究する必要はないという洞察を、カントはルソーのおかげによると絶えず彼に感謝した。つまり、「ルソーが私を正してくれた」と（Zit. n. Kühn 160）。

カントにとってこの問題は、個々の指令や命令においてわれわれに起こるような単独の当為のもとにわれわれが留まる、のでない場合にのみ解きうる。これは、カント倫理学の本質的な、とはいえ議論の余地が残されている前提条件の根拠である。つまり、当為は、道徳的に有意味であるべきで、たんに事実的強制状態の表現であるべきでないなら、それ自身**法の性格**をもつ、つまり普遍的な指令の形式を示す必要がある、というのである。もちろんこれはまだ十分な条件ではない。つまり、カントにとって合法的なそして客観的に義務を負わせる当為が存在するのは、誰にとっても無制限に義務を課するという意味で、それ自身普遍妥当的で**必然的**である当為法則（ゾレンスゲゼッツェ）が存在する場合だけである。したがって、そうした普遍妥当的で無条件に義務を負わせる当為法則を、義務の事実的な「通常の人倫の理性認識」との関連において突きとめて定式化することが批判的な道徳哲学の課題である。

その際カントによれば、そうした当為法則が経験から由来しえないことは最初から明らかである。——それは、悟性が「純粋悟性の原則」という形式においてア・プリオリな総合判断を、最も普遍的な存在法則として現象の世界に指定するが、このア・プリオリな総合判断が経験から由来しえないのと同様である。こうして、実践哲学の領域においても形而上学の問題が——今や、もはや『純粋理性批判』が理論的分野において準備したとされた自然の形而上学に関する問題としてではなく、むしろ、経験には依存しない当為法則という土台の上に人倫の形而上学を基礎づけるという課題として立てられる。そうした法則は理性そのものから由来しうるだけであるが、そのことから、カントの場合の「実践理性」という表現の完全な意味がはじめて明らかになる。つまり、理性が実践的になる場合に、理性は普遍妥当的で無条件に義務を負わせる当為の法則を与えるのである。この点に実践理性の実践の本質がある（vgl. KpV A 55［V, 31］）。さらに、そうした当為法則がどのようにして可能かという問題が立てられる。そうした当為法則の現実的妥当を示そうと着手したのが『人倫の形而上学の基礎づけ』であり、その問題に答えることが『実践理性批判』の課題であった。

(二)　自然と自由

物に関する普遍的な存在の法則は、カントによれば「自然の法則」である。これに対して、カントは当為の法則を「自由の…法則」（GMS BA IV［IV, 387］）と呼ぶ。これは矛盾しているようにみえる。というのも、われわれが通常自由だと思うのは、当為［為すべし］の彼方で、したがって、どんな指令もわれわれを制限せずわれわれ自身の意欲に従うことが許されるところで、なのである。これに対してカントの主張では、われわれは当為［為すべし］の要求のうちでのみわれわれの実際の自由へと注意を向けることになる。今やたしかに、ここで「自由」ということで考えられているあらゆるものが、当為に依存している。たんに外的な妨害がないという意味での行為の自由が考えられている可能性はない。というのも、かりにそうした自由の場合なら、発射された砲弾は目標に達した後にも自由であったことになるだろうからである。カントはそのため次のように定義する。

> **実践的な意味での自由**とは、選択意志が感性の衝動による**強制**に依存しないことである。……実践的自由は、たとえ或ることが生じなかったとしても、だが生じるべきであったということを前提としている。したがって、時間秩序のうちで経験的法則に従

って規定されている或るものを、〈かの自然原因から独立に、自然原因の強制力や影響に反してさえ〉生み出すような原因性、したがって一連の出来事をまったく自分から開始するような原因性が、われわれの選択意志の内にはないように、現象におけるそれ［或るもの］の原因が規定してはいなかったということを実践的自由は前提としている（B 562）。

誰の目にも明らかなように、選択意志の自由や意志の自由というこのモデルは、因果律とは、つまり、生起するあらゆるものが「〔先行するものと後続するもの〕という時間順序のうちで経験的法則に従って規定されている」という原理とは相いれない。「選択意志」の原因性は「まったく自分から」作用し始めるが、この原因性は、ここ［因果律］の下にはまったく収められえない。こうして、実践的自由は行為者自身により経験世界で起こる一連の因果的な「系列の出来事」を自発的に開始する能力を意味するが、実践的自由のこの構想はもっと普遍的なことを前提としている、つまり、他から引き起こされない動因（Verursachung）の原理的可能性を前提としていることが明確になる。カントはこの動因を、「超越論的自由」と呼んでいる。

超越論的自由は、本当は宇宙論的問題である。というのも、カントによれば「一連の出来事をまったく自分から開始する」能力を、理性は、世界全体について熟考するまさにその場合には必然的なものとして要請しなければならないからである。理性がその場合因果律という導きの糸に従うなら、合理主義的形而上学の可能性に関してカントに総じて疑問を抱かせることになった二律背反の一つが生じる。つまり、

定立 自然の法則に従う原因性は、世界の現象を残さず導き出しうる唯一の原因性ではない。さらにこれらの現象を説明するためには自由による原因性を想定することが必要である。――**反定立** 何らの自由も存在しない。むしろ世界におけるすべてのものは、もっぱら自然の法則に従って生じる(B 472 f.)。

両方の立場に対して、カントによれば、同時に適切な根拠が存在する。つまり、諸原因の側で、それ自身が他によって引き起こされたものではない第一の原因が実在しないなら、その場合原因の系列は無限にそのまま経過し続け、生起するものに関しては何も「十分にア・プリオリに規定された原因」をもたないことになるが、だがやはり、そうした原因をもつことが因果律によって要求されている。反対に、超越論的自由を一つの事例において認めることは、因果律そのものの普遍的妥当を失効させ、それによって学問一般の可能性

を脅かした。「したがって、自然と超越論的自由とは、合法則性と無法則性とが区別されるのと同様に区別される」（B 475）。

このジレンマから逃れる途をカントは、物自体と現象との相違に立ち返って見いだす。「現象が物自体なら、自由は救済されることができない」（B 564）。というのも、因果律は、例外なく現象の世界で通用するからである。とはいえそれでも、超越論的自由を物自体の領域にたんなる思考物として分類する思考上の可能性が少なくとも存続するし、その場合なら、自己矛盾を犯すことにはならないであろう。カントは、これを自由な行為の場合に見られる主体の二重性格というやっかいな説において説明しようとする。感官の対象の際にあってそれ自身は現象ではないものを、カントは「叡知的」と呼ぶ（B 566）。したがって、われわれはたしかに感性界のうちでそれぞれの行為する主体に、「経験的性格」を添えなければならず、そしてこの経験的性格によれば、主体の行為は完全に法則に従う自然連関のなかに属するのだが、同時に同一の行為主体に「叡知的性格」をも認める可能性が残されているのである。この叡知的性格によってその主体は、それ自身が現象であることもないし自然法則に従うこともなく、現象界における行為の原因である。叡知的性格と経験的性格とは、このモデルによれば、物自体と現象との相互関係と同様に相互に関係しあうのである（vgl. B 566 ff.）。

重要なのは、これによって何らの自由の証明もおこなわれるはずがないということである。実践的自由の思考可能性のみが、因果律の普遍的妥当性を現象界へと制限することに基づいて問題とされるのである。カントは、自由の二律背反の解決の最後で次のように語っている。

> ところでこの二律背反がたんなる仮象にもとづくこと、また自然は自由にもとづく原因性と少なくとも矛盾しないこと、これは、われわれが果たしえた唯一のことであったしそれだけが重要だったのである（B 586）。

したがって、カントによれば実践的自由という思想を可能にするのは、物自体と現象の区別である。この区別は、人間理性の有限性の指標でもあり、そのため実践的自由もまた、有限な理性の環境のうちで、つまり、行為する主体のたんに思考可能な叡知的性格と認識可能な経験的性格という両者間の緊張の場においてのみ生じる。カントによればこの点に、当為「為すべし」の意識のみが、実際に実践的自由を、したがって、現象の世界において或ることを、それ自身が引き起こされることはなく、引き起こす能力を意のままに使えるとわれわれに確信させる根拠がある。もしわれわれが純粋に理性的な存在者であり、したがって「叡知界の成員」であるとすれば、その場合われわれの選択意志は、理性的動機以外の動機には従わないし、われわれはいつもおのずから、われわれに対して理性が実践的理性として指令することを欲することになるだろう。ところがわれわれは同時に「感性界の成員」であり、これによってわれわれの選択意志はいつも、理性に反する感性的な動機にも従わされている。われわれは、不完全で、有限で、誤りを犯しうる存在者であるし、この存在者は、たしかに理性の能力を授けられてはいるが、とはいえ必ずしもいつも理性的なわけではない。[17] まさにこの不和を当為［為すべし］は表現する。つまり、「したがって道徳的当為は、叡知界の成員である［彼に］固有で必然的な意欲であり、彼がおのれを同時に感性界の成員とみなす限りでのみ、彼によって当為と考えられる」（GMS BA 113［IV, 455］、KpV A 36［V, 19 f.］）。

17　この意味においてカントは、「理性的動物（animal rationale）」という人間の伝統的な定義の代わりに、「理性能力を賦与された動物（animal rationabile）」によって置き換えている。「理性的動物」は、「理性能力を賦与された動物」の定言命法によって課された目標である（vgl. APH A 315［VII, 321］）。

そこで当為と自由とは交互に参照を指示し合う。循環が予想されるが、その非難に対してカントは次のように強調する。

もちろん自由は、道徳法則の存在根拠（*ratio essendi*）である。だが道徳法則は、自由の認識根拠（*ratio cognoscendi*）である。というのも、道徳法則が、われわれの理性において前もって明確にされている*のでなかったなら、われわれは決して、自由である……ようなそうしたものを想定する権利をもたないであろう。だが自由が存在しないなら、道徳法則はわれわれのうちではまったく出会われえないであろう（KpV B 5 [V, 4]）。

＊ アカデミー版などの原文は deutlich gedacht だが、シュネーデルバッハの引用では、deutlich gemacht とされている。

自由は、われわれにとって当為を欠いてはもつことができないものである。当為［為すべし］は、能為［為しうる］ということを前提せずには何らの意味も生じさせることがないのだから、当為は、その実在根拠である自由へと戻るように指示する。カントによれば、誰もが「或ることを為すべし（ゾレン）と意識するから、それを為しうる（ケネン）」と判断するし、「おのれの内に自由を認識する。この自由は彼にとって、これと違って道徳法則を欠くなら、知られないままであっただろう」（KpV A 54 [V, 30]）。

(三) 義務と傾向性

とはいえ、あらゆる当為［為すべし］が能為［為しうる］の自由を指示するわけではない。われわれは、絶え間なく種々の側面からの当為の要求を受けながら生活している。これらの要求を、われわれは不当として退けなければならないか、それともわれわれには実際過大にすぎるとみなす。その場合に当てはまるのが、「誰も、おのれができる［為しうる］ことを越えたことには義務を負わない（*Ultra posse nemo obligatur*）」である。したがって、われわれの義務を命じる為すべし［当為］のみが、為しうること［能為］へと指示するのである。そしてこの原則は、あらゆる義務倫理学において通用する。——とはいえ、義務とは何なのか。何へとわれわれは義務づけられているのか。キケロの『義務について』は、ストイックな基礎の上に包括的な義務論を含んでいるが、この義務論は、教父アムブロシウス（Ambrosius）による「キリスト教化」の後、スコラ哲学において絶えず存在していたし、近代では新たな現実性を獲得した（vgl. Kühn 292 f. und 30 f.）。カントがキケロを知っていたのは、一方では学生時代の読書によってであり、他方では、『純粋理性批判』の鋭い批判者であるクリスチアン・ガルヴェ（1742〜98）が一七八三年に出版した『義務について』の翻訳と注釈によってである。ガルヴェによる出版は、明らかに『人倫の形而上学の基礎づけ』の迅速な完成に貢献した（これについて、ならびに以下の記述については、vgl. Kühn 321 ff.）。

キケロとカントの一致は、たいへん広範囲に及ぶ。両者は、その義務倫理学を理性に基づかせ、ストア学派のモデルに従って、徳によって幸福に価することを幸福の前提条件だと表明する。両者の途は義務の妥当根拠をめぐる問題の際に分かれる。キケロや彼に続くガルヴェまでの多くの人は、その妥当根拠を、本質的には理性と人間社会によって規定されている人間の自然本性の基底としての自然のうちに求める。「自然に従って生きる」という原理は、人間はおのれ自身の自然本性に従って生きるべきだ、という以外の何も意味していない。なぜ人間はそうすべきなのかは、だがキケロの場合、そこでガルヴェの場合も、再び幸福主義的に答えられる。つまり、われわれが義務を遵守する方が、自然の秩序に対応するのだから、義務に反した生活よりも最終的にはわれわれを一層幸福にするだろう、ということを論拠として答えられる。したがってこの場合理性は、人間にとって何が自然に適っているかを認識するための天賦の手段にすぎず、理性は、人間には同じように自然である幸福への努力を指導するのに役立つ。こうしてキケロのモデルは、完全にストア学派の「自然法則」に関する二義の領域にあり続ける。これによれば、生まれながらにしかじかであることは、そうでもあるべきであるが、この場合この当為［べきである］は、人間自身においてとどのつまり自然な動機づけの力と解されるものである。

トマス・ホッブズの説によって近代の自然法（権）論（**Naturrechtslehre**）がはじまる（vgl. Ilting; auch Henrich 233f.）。ホッブズの説は、キケロやスコラ学の説からわずかな違いによって区別されるだけだが、それは全体に関する相違を作り出しているものである。つまり、ホッブズは自然をもはや存在と当為の統一とは捉えないが、そのためまた自然は、もはやわれわれの義務の土台とはならない。自然の秩序が実在する限り、それはたんなる事実性であり、この事実性からは規範的なことは何も帰結しない。こうしてホッブズは、純粋な理性の法（フェアヌンフトレヒツ）としての自然法（ナトゥアレヒツ）の創始者になる。したがって自然がではなくもっぱら理性だけが、われわれが何を為すべきかをわれわれに語ることができる。これに伴って、伝統的な概念である「自然権（ナトゥアレヒツ）」（自然権（*Ius naturale*））と「自然法則」（（自然法（*Lex naturae*））は完全に別の意味をもつことになる。「自然権」はホッブズの場合、個々の人間が自分自身を保存し、そのためにふさわしいと彼に思われるどんな手段をも講じる無制限の自由を意味する。これに対して「自然法則」は、理性の指令（「*Precept*」）あるいは一般的規則（「*generall Rule*」）以外のなにものでもなく、これは、人間に有害なことを禁じ、有益なことを命じるものである（vgl. Hobbes I, XIV）。こう解された自然法則の規範は、ストア派の伝統においてのように自然な目的としての自己保存（*oikeiosis*）にはもはや関係しない。古代やスコラ学の伝統である目的論的自然把握のうちに人間の実存の諸目的も在り場所を見つけるが、この目的論的自然把握は、近代の学問ではひとまず棚上げされている。こうして自己保存が、自然な衝動に、とはいえ目的とは無関係な衝動に従う――この点で物理学の慣性の法則に比較可能である――場合、自己保存は規範的には中立的である。なぜ自己保存が存在すべきか。自己保存をいずれにせよあらゆる人間の行為の動因として規定する場合には、これ［自己保存の存在］を根拠づけることはできない。指令、規則、命令、禁止は、その場合もはや目的である自己保存そのものに関係するのではなく、そのために理性が発見する（［*found out by reason*］）手段にしか関係することができない。ホッブズは、理性を本質的に数学の意味での計算の能力と解している（vgl. Hobbes I, V）。自己保存につとめながら個々の行為の損失や利益、損得をそのように考量することは、たんなる可能性を明らかにする純粋に理論的な企てではない。ホッブズはこの場合、計算する理性にただちに、自己保存衝動の実際の力に由来する規範的な力を授ける。その結果、計算する理性は必然的に当為文の形式［つまり、…べし、という表現形式］を取ることになるのである。

ホッブズが、理性の法論としての自然法論において「自然法則」として提示するものを、カントは「仮言命法」と呼ぶ。これは、「もし〜なら、その場合には」という前提下での当為文を意味している。仮言命法は、「或る可能な行為が、欲する他の或ることへ……達するための手段として、実践的に必然的であることを示す」(GMS BA 39 [IV, 414])。ホッブズと同様にカントは、そうした命法は理性の関心事であると主張する。理性のみが、或る規定されたことに達することを欲する場合に、何を為さねばならないかを見いだすことができるというのである。この場合カントはさらに詳しくは、たんに可能な行為の意図の場合と、現実的な行為の意図の場合を区別している(GMS BA 40 [IV, 414f.])。両方の場合に、つまり、たんに考えうる行為目標に関してであれ、実際に目指される行為目標に関してであれ、「もし〜なら、その場合には」ということが、根拠にもとづく当為を生じさせるためには十分である。だがカントによれば、われわれはこの場合、道徳の領域にはまだまったく入っていなかったのであり、そこに入るまでわれわれは、たんなる熟練の規則と賢さの規則の領野のうちにとどまっていたのである(GMS BA 44 f. [IV, 416])。この主張によってカントは、価値倫理学と財倫理学という両伝統、さらにはキケロの義務倫理学の伝統とも別れて、またそれに照らしてホッブズを没道徳主義者とさえみなさねばならないのだが、この主張には、今日まで続くカント倫理学の挑発が存している。

　道徳とは何か、これは、たんに特定の条件の下でではなく、あらゆる条件の下で何か或ることへと義務づける当為の法則を、われわれが考慮に入れる場合にはじめて明確になる。当為の法則によれば道徳は、「われわれがそれに従って行為すべきであると無条件に命じる諸法則、の総括」である（ZeF B 71 [VIII, 370]）。まさにこのことを、「定言命法」という表現が意味している。定言命法は当為文を意味しているが、これは、たんに或る「もし〜なら、その場合…」という下で命じて、それによって前提とされた目的のための或る特定の行為を指定するものではない。むしろ、定言命法は、単一の平叙文（ギリシア語 *kategorein*（確定的に叙述する））において、「或る行為を、他の目的に関係せず、それ自身独立なものとして、客観的で必然的なものとして」（GMS BA 39 [IV, 414]）示す。こうしてカントは、われわれが道徳哲学において必要とするものを、価値や財が根拠づけうるとすることに異議を唱える。——道徳哲学にあっては厳密な語義での法則が必要とされる。というのも、「法則が道徳的、つまり責務の根拠とみなされるべき場合、法則は絶対的な必然性を伴わねばならないということは、誰もが認めなければならないからである」（GMS BA VIII [IV, 389]）。価値や財はいつも偶然的である。というのも、人間の価値への志向や傾向は、時と所により異なるからである。そのため、そこから導き出されうる当為の法則は、常に特定の条件下でのみ責務を負わせうるのであって、決して「絶対的に」つまりどんな条件下でもそうあるのではない。ところが、まさにこのどんな条件下でも絶対的にということが、「定言的」という表現によって意味されているのであり、この表現は、カントの当為倫理学における最高の命法を特徴づけているのである。

　この道徳の「根本法則」を探索することは、『人倫の形而上学の基礎づけ』の課題だが、カントはこの探索に際して、倫理学における無条件性は何を意味しうるのか、つまり、何が無条件な善か、という問いから始めている。彼の有名な答えは次のようである。「世界のうちでは、それどころか世界のそとでですら、無制限に善とみなされうるものは、善い意志の他には何も考えられない」（GMS BA 1［IV, 393］）。われわれがふだん善とみなすものは、「精神の才能」であれ「幸運の恵み」であれ、いつもただそれを使用するのが善い意志であるという条件の下でのみ善いのであり、そこで善い意志のみが「無条件な内的な価値」（GMS BA 1［IV, 393 f.］）をもっている。この価値は、意志が引き起こすことから生じるわけではない。この価値は、善い意志「それ自体に」属すべきである。カントはこのことをわれわれがよく知っている義務という概念をもとにして説明している。われわれは「義務（プフリヒト）に適合した（メースィヒ）」行為の実例を「義務にもとづく（アオス・プフリヒト）」行為から区別し（GMS BA 8［IV, 397］）、義務にもとづく行為にだけ無条件な道徳的価値を認める。他方、義務に適合して行為することには、道徳外の根拠や、不道徳な根拠さえも、つまり、打算、私利私欲による場合であれ罰への怖れによる場合であれ、幾多の根拠が存在しうる。したがって義務にもとづく行為の反対は傾向性にもとづく行為であるが、この傾向性にもとづく行為は、なるほど義務に適合していることもありうるが、とはいえ、いつも義務を果たすという意図以外の意図にも従っている。こうしてカントは、「義務は、法則に対する尊敬にもとづく行為の必然性である」（GMS BA 14［IV, 403］）と表現する。

この法則に対する尊敬は、いつも外部の行為目標に結び付けられている傾向性と混同されてはならない。この尊敬は、人倫法則そのものにのみ妥当し、あらゆる傾向性からかけ離れた「純粋な」意志規定として、法則の客観性と一対の主観的片われである。どのようにしてそのような「純粋な」尊敬が可能であるかを、カントは、われわれが「理性を、実践的能力として」、「つまり、意志に対して影響をもつべき能力として」、意のままにできるという事実から説明する。「理性の真の使命は、決して他の意図において手段としてではなく、それ自体そのものとして善い意志を生み出すことでなければならない」（GMS BA 7［IV, 396］）。カントが付け加えるところによれば、この尊敬も感情である――道徳的感情である――。とはいえこの道徳的感情は、人倫法則の表象が、表象する主観に対して作用することのうちで起こることであって、それ以外の何ものでもない、ということによってあらゆる他の感情から区別される。つまり、「［外部からの］影響によって受けとられる感情ではなく、理性概念によってみずから引き起こした感情であり、したがって傾向性や怖れからもたらされうる前者の種類のあらゆる感情とは質的に異なる」（GMS B 16 Fn.［IV, 401Anm.］）ものである。『実践理性批判』でカントは、この道徳的感情を時計職人のことばによるたとえによって、道徳的行為の「動機（Triebfeder［時計のぜんまい］）」と呼んでいる（vgl. KpV A 133 ff.［V, 75 f.］）。

「義務と傾向性」、これはカント倫理学を批判する際の一つの継続的テーマである。カントによる義務のいわゆる合理主義から、感情を擁護する際には、「尊敬と傾向性」とが適切に対置されていることがもっぱら必要とされるのだが、これはたいてい見過ごされる。カントは実は二種類の感情を使っている。つまり、外的触発を指示する感情である傾向性と、理性自身によって生み出された意識の情緒的状態である尊敬とを使っている。かりにカントをこの場所で論駁しようとするなら、尊敬といったものがとにかく可能であるということに対して、理由を挙げて反論しなければならないだろう。この尊敬は実は、感性的動因と並んでさらに理性を自由に使用できるし、おのれの行為を理性によって決めることができる、そのような存在者がもっている自己尊敬（*Selbstachtung*）である。カントによれば、自己尊敬が何はさておき根拠としているのは、尊敬を命じる道徳法則がまさに、理性を授けられた存在者であるわれわれも有している理性そのものから発現することであり、そしてこの道徳法則が、われわれがまさに感性的存在者でもあるためにのみ、当為としてわれわれに対向することである。こうして当為と自由との注目すべき関連は、事実、パラドックスに高まる。つまり、われわれはたんに無条件に命じる当為の法則が妥当する下でのみわれわれの自由を経験するが、この当為の法則は、理性そのものにもとづくのである。というのも、われわれの理性の才能によって、われわれは同時に立法者でもあるからである。

したがって尊敬の対象は、もっぱら法則である。しかも、われわれがおのれ自身に課す、そうはいってもそれ自体で必然的なものとして課す法則である。われわれは、法則としてそれに従うが、自愛に関わることはない、とはいえ、われわれ自身によって課されているものとして、やはり法則はわれわれの意志の結果である（GMS BA 17 Fn. ［IV, 401Anm.］）。

無条件な責務と自律経験とのこの結合が、カントに精神的に高揚した言葉で義務や「私の内の道徳法則」について語らせたものであり、何かプロイセンの家臣精神がそうしたわけではない（vgl. KpV A 288 ［V, 161］）。

シラーは次のように詠んだ。「私は友に尽くしたい。だが私はもっぱら傾向性からそうするのだ。／そこで、私はしばしば悩む。私は有徳ではないのだと」（Höffe 201 にもとづく間接引用）――とはいえ、これは反論といえるだろうか。傾向性が、義務にもとづく義務の行動に同伴することは禁じられていない。ちなみに義務に適合したことへの傾向性は、「道徳的な格率の実効性をたいへん容易にする」（KpV, A 212 f.［V, 118］）し、義務に適合したことを義務にもとづいて行なう傾向性が存在しない、などということはあろうはずもない。この「義務に適合したことを義務にもとづいて行なう」ことは、「法則に対する尊敬」にいつでも傾向性に対する優位を承認する道徳的性格の基本姿勢であろう。そうしたことを育成するのは、教育の課題であろう。シラーが見過ごしているのは、傾向性にもとづく奉仕がそのままではまだ道徳的性質を所有しないという事実である。この奉仕が道徳的性質を獲得するのは、必要とする人々を救おうとする道徳的と認められた格率が、そうしたものとして行動を決定するほど強固な場合にはじめてであるし、その場合傾向性が居合わせていても何の問題もないのである（Kaulbach 233 f.）。

結局カントは、たんに傾向性にもとづいて義務に適合的にではなく、実際に義務にもとづいて行為したとわれわれは決して完全には確信しえない、と強調する。「実際に自愛のどんな秘かな動因も……意志の本来的規定的原因ではなかった」（GMS B 26［IV, 407］）のかどうかは、簡単に疑問の余地なく決着されることではないとされる。しかし、人倫の形而上学を基礎づけるにあたって問題なのは、「あれこれのことが生じるかどうか」を確定することではなく、「理性が単独にあらゆる現象に依存せずに、何が生じるべきかを命じる」かどうか、したがって、「世界がおそらくこれまでまだなんらの実例も与えたことがない諸行為、……それにもかかわらずそれらの行為が、理性によって容赦なく命じられて」いるかどうかである（GMS BA 28［IV, 408］）。

　こうしてみると、カントの倫理学を批判する場合に義務と傾向性とを相互に争わせることはほとんど意味をなさない。カント自身はわれわれの傾向性とその力について知りすぎるほど熟知していたし、彼にとって傾向性の道徳的ならびに情感的洗練はたいへん重要なことであった。それは、カントが「冷たい」義務を尊敬するあまり傾向性を軽蔑すると中傷されたことなどまったくの的外れといえるほどであった。カントは何はさておき、われわれの行為の本物の道徳的性質――われわれの行為の道徳性――が、どこに存するかという哲学的問題を解決したいと思っていた。道徳法則に対するたんなる服従を超えてさらに何かが存在するのだろうか。このたんなる服従は、道徳外の動機や不道徳な動機からさえも起こりうるものである。この場合なら、カントによれば、行為の合法性が与えられているだけであろう（vgl. KpV A 127［V, 71］）。カントの主張は次のようである。「行為のあらゆる人倫的価値の本質は、道徳法則が直接意志を規定するということに帰着する」（KpV A

126［V, 71］）。こう主張する必要はないと考えるなら、義務と傾向性との厳密な対置を断念することができる。もちろんその代償として、その場合無条件な責務と自由との結合も無効になる。［両者の結合についてカントの主張は次のようである。］「意志の自由は、自律、つまり自分自身にとって法であるという意志の性質以外の何でありうるのだろうか。……したがって自由な意志と人倫法則の下での意志とは同一である」（GMS BA 98［IV, 446 f.］）。

(四) 定言命法

無条件に命じる人倫法則は、さらに詳しく解明されねばならない。この人倫法則は、実践理性として立法する理性自身にもっぱら基づいており、その他の何にも基づいていないが、それは、さもないと人倫法則の普遍的で必然的な妥当を制限することになるだろうからである。このようなわけで、人倫法則は、経験世界から借用した内容に関する規定を何も含むことができない。道徳的な為されるべきことは、法則に適合したこととして理性的なことであり、法則に対する尊敬以外はどんな動因も考慮されえないのだから、「行為一般の普遍的合法性しか残されていないし、この普遍的合法性のみが意志にとって原理として役立つ」（GMS BA 17［IV, 402］）。この原理に従う意志のみが「端的にかつ無制限に」（GMS BA 17［IV, 402］）善である。そこでカントは、おのれの意欲において「行為一般の普遍的合法性」によって規定されうることがどのようにして可能か、という問いに答えなければならない。その場合には意欲と行為とのたんなる形式が問題である、つまり、どのようにして規定された形式の行為が意欲されうるべきかが問題である。

この場合重要なのは、意志のこの形式的原理はカントによれば個々の行為にはまったく関係しないということである。これは彼の意志概念から帰結する。

> 自然の事物はそれぞれ法則に従って作用する。ただ理性的存在者だけが、法則の表象に従って行為する能力、つまり原理に従って行為する能力をもっている、つまり意志をもっている。行為を法則から導出するには理性が必要とされるのだから、意志は実践理性以外の何ものでもない（GMS BA 36［IV, 412］）。

理性的意欲は、カントにとって常に諸原理に従う意欲であり、脈略のない混沌としたものではない。そしてこれらの原理はさしあたりいつも主観的である。意欲の主観的原理をカントは格率と名づける（vgl. GMS BA 15 Fn.［IV, 400Anm.］）。何が格率であるかは、われわれが行為の際に従っている諸原則を基にして解説することができる。なぜならわれわれはそれらの原則を主観的にわれわれにとって有効とみなすからである。［それらの原則つまり格率とは次のようなものである。］「私は借金することを欲しない」「私は約束を守ることを欲する」「私はいつも正直であることを欲する」等々。だが、人倫の形而上学においては客観的な意志原理が、つまり「実践的法則」が問題なのである。実践的法則は、定言的に命じる当為命題としては、主観的な意志原理に対する普遍的な合法性の形式しか指定することができない。こうして、定言的に命じる当為命題は次のようである。「格率が普遍的な法則になることをあなたが［行為に際して］同時に欲することができる、そのような格率に従ってのみあなたは行為せよ」（GMS BA 52［IV, 421］）。この定式は、先に引用された「古典的表現」よりも明瞭である。なぜなら、普遍的な法則として通用することができること（das Als-allgemeines-Gesetz-gelten-Können）は、ここで「できる」とは何を意味するかを明らかにすると思われるからである。実際、われわれの行為の格率が普遍的な法則になること、とはいえこれによってわれわれの格率が自壊してしまうことにはならないこと、このことを欲することができなければならないのである。そしてその場合にのみ行為の格率は道徳的である。

したがって、それ自体で「端的にまた無制限に」善い意志は、諸格率に従ってのみ行為するそうした意志である。この意志は、それらの格率を同時に、あらゆる人にとって拘束的法則として欲する［意欲する］ことができる。したがって、これらの格率を普遍化可能な主観的原則にするのである。この性質は、行為においてはもっぱらそうした格率を遵守し、どんな他の格率にも従わない動機として、善い意志を満足させるものである。この場合道徳的なものの形式的試金石が問題であるということは、カント倫理学に対して、既述のように、ヘーゲル以来（vgl. Hegel 2, 460 ff.）その後繰り返し、合理主義との非難と並ぶ別の顕著な非難、つまり形式主義との非難を招いた。定言命法を少し詳しく考察すれば、まったくそのように形式的なものではないと知られる。というのも、われわれは定言命法そのものを欲［意欲］するべきではまったくなく、たんにわれわれの意欲において定言命法を尊敬すべきだからである。いつもわれわれは何かを欲する、つまり、われわれの格率は常に内容をもっている。この内容を欲するわれわれは、［定言命法に対する］尊敬によって得られる格率の普遍化された形式がわれわれを行為へと動機づけるまさにその程度に、道徳的権利をもっているし、また義務づけられてもいるのである。[18] カントがさしあたり個々の行為も特定のタイプの行為も考察せず、おのれの倫理学の基礎づけにおいては、もっぱら主観的意欲と客観的当為との関係を主題としているといっても、これによって直ちに、形式主義という非難が正当化されるわけではない。ともかくカントは、後の著作『人倫の形而上学』において詳しい法論と徳論を、定言命法を土台として仕上げたのだった。『人倫形而上学の基礎づけ』と『実践理性批判』に対して、形式主義との非難が正当化されうるとすれば、次の場合だけであろう。つまり、あらゆる格率を、したがって明らかに不道徳な原則をさえも普遍的な法則として提示することが実際に可能であり、おのれの格率が問われる人が、この普遍的な法則の妥当をさらに欲することもできる場合であろう。これが事実ではないということはおそらく十分に示された。[19] その際には、カントが挙げる実例をそれなりに詳しく考察することが必要なだけである（GMS BA 52 ff.［IV, 421 ff.］）。もちろん、普遍化モデルがうまくいかない特殊なケースが実在する（vgl. Singer）が、とはいえ、あらゆる反例を克服する、とくに倫理に無関心な格率をも考慮に入れなければならない倫理学の構想は、おそらく存在しない。

18　これは、カント倫理学の「形式主義」に対するマックス・シェーラーとニコライ・ハルトマンの批判に対してである。Vgl. Kaulbach 234 f.

19　とくにEbbinghausによって示された。Singerはヘーゲルの形式主義抗議を「信じがたいほど単純」と語っているが、これは正当である。Vgl. Singer 291.

形式主義との非難が完全に支持しがたいことになるのは、定言命法の有名な目的－手段－把握を考察する場合である。「あなたの人格における人間性をも他のあらゆる人の人格における人間性をも、いつも同時に目的として扱い、決してたんに手段として扱うことのないように行為せよ」（GMS BA 66 f.［IV, 429］）。これに関して何が「形式主義的」であるとされるのかは、見当がつかない。カントは、これが格率‐法則‐公式化における命法以外の何らの命法でもないと主張し、このことを、無条件な責務と自律としての自由の連関によって根拠づける。つまり、理性的意志は、自由な意志としておのれにみずから与える法にのみ従っているし、これは人格としてのあらゆる人間に当てはまるのだから、あらゆる人格は、「意志の自由によって可能な目的の国に、……この国の成員としてであれ首長としてであれ」参加する（GMS BA 75［IV, 434］）。そのため、共同‐首長（ein Mit-Oberhaupt）をたんに「成員」として扱うなら、この「目的の国」における立法の違反であろう。目的を設定する存在者は、決して他の人に対してたんなる手段であることは許されない。というのも、そうした格率は普遍的法則には役立たないからである。カントによれば、ここに人間の尊厳という理念も基づいている――この思想は、人間が神［首長］の似姿（Gottesebenbildlichkeit）とされる点で神学を根源としているが、これとは独立に［理解できる］（vgl. GMS BA 76 f.［IV, 434 f.］）。

　カント倫理学に対するさらに広範な反論は、いわゆるその厳格主義に関わる。『人間愛から嘘をつく偽りの権利について』（一七九七年）という著作においてカントは、フランスの著述家にして政治家であるベンジャミン・コンスタン（1767～1830）に反論する。コンスタンは、どんな場合でも本当のことを言うという人倫的原則を、限定的なものと見ようとしたが、それは、人倫的原則を無条件に通用するものとするなら「あらゆる社会が不可能に」されてしまうからであった。その際コンスタンは、「一人のドイツの哲学者」（つまりカント）の主張、「ある殺人者がわれわれに、彼に追われたわが友がわが家に逃げ込んでいないかと問う場合に、この殺人者に対して嘘をつくことは犯罪であろう」（RM A 301［VIII, 425］）という主張に関係していた。カントがコンスタンに反対して固執する主張とは、無条件な嘘の禁止ではなく、嘘をつく制限された権利でさえも、社会の成員が誠実であることを頼りに成り立っている人間社会を破壊するだろうというものであった。この小著においては明確にならないことだが、カントは他の場所でははっきり「緊急の権利（Notrecht）」（vgl. MS AB 41［VI, 235 f.］）を承認しているのであり、われわれは、「緊急の嘘」を法に訴えるべきではないのである。とはいえ、義務の衝突の特殊ケースをカントは受け入れたくなかった（vgl. MS AB 23 f.［VI, 224］）し、おそらくこの点が厳格主義という非難の本当の核心なのだろう。われわれが互いに対立するが、とはいえ、その都度たいへんうまく普遍化可能な格率に関係する状況は、実際に存在する。その場合実践的判断力（vgl. KpV A 119 ff.［V, 67 f.］）のみがわれわれを助けて先に進めるのであり、この実践的判断力をカント自身たいへん高く評価しているが、とはいえ具体的な実例においては十分に高くは評価しなかったようである（嘘の問題については、vgl. Dietz）。

総じて重要なのは次のことである。倫理学一般が当為法則の普遍妥当性と必然性に基づけられるべきだという要求を断念するなら、カント倫理学のあらゆる困難と要求は避けることができるが、その場合には、道徳とわれわれの自由との間の結合、つまり自律も消失してしまう。行動主義者と最近の特定の神経科学者は、「人間園（Menschenpark）」（Sloterdijk）として、「自由と尊厳の彼岸」（Skinner）の国をわれわれに推薦するが、この国においては社会工学と賢さの規則だけが存在する。*そこでは人倫の形而上学は必要とされない。カントのタイプの倫理学がわれわれに突きつける問題は、われわれが「自由」と「尊厳」というテーマをたんに放棄しようとすることを許さないだろう。われわれはこのテーマに取り組むべきである。

* この箇所からは、スローターダイクの「人間園」とスキナーの〈自由と尊厳の彼岸の国〉は同一のものに見えるが、両者はまったく別の文脈のものである。スローターダイクが〈人間の共同体〉を「人間園」として語っているのは次のようである。「プラトンの『ポリティコス』及び『国家論』以降、世界には、まるで動物園について語るかのように、人間共同体について語るパロールが蔓延することになった。公園（パーク）あるいは都市における人間の保存は、これ以降、動物（園）ポリティックス的な課題とみなされるようになったの

である。……人間は、どこに住んでいようと、自己の周囲に公園空間を産出して、自己を保護し、自己の番をする生物なのである」。シュネーデルバッハがスローターダイクの名を挙げたのは、ドイツで一九九九年に「スローターダイク論争」と呼ばれる「人文主義」をめぐる論争が起こったからであろう。スローターダイクによれば、「人文主義の潜在的なテーマは、人間の脱野性化」である。そして潜在的なテーゼは、「正しい読解は飼い馴らす」である。スローターダイクは人文主義の代用として、「新しいバイオテクノロジーによる将来の種族のプロセスへの干渉可能性」に言及しているる。つまり、彼は遺伝子操作に言及しているのだが、論争はこれに端を発したものであった（ペーター・スローターダイク『「人間園」の規則』仲正昌樹訳、御茶の水書房、二〇〇〇年、参照）。

〈自由と尊厳の彼岸の国〉とは、スキナーの著作『自由と尊厳を超えて』を念頭に置いたものであろう。邦訳者山形氏の解説によれば、この著作は、「二十週連続して『ニューヨークタイムズ』紙のベストセラーリストに載った」という。伝統的な理論では「自律的な内なる人」は「自由と尊厳をもつ」とされてきた。ところが、スキナーの主張によれば、人は周囲からコントロールされているのに、コントロールされていることを知らないから、「自由」と錯覚しただけである。「尊厳」も、具体的には、ある演奏に拍手喝采を受けるとか、賞を贈られること、こういったコントロールによるものである。このように、行動が環境からの各種刺激で形成されたものだと分かれば、それがその人の自由意志で生じたとか、その人が「えらい（尊厳がある）」とかいう言い方はされないようになるだろう。環境によって人がどうコントロールされているかが解明されれば環境を変えることで人をコントロールできるのであり、「人口爆発とか公害とか資源枯渇」といった問題も環境によるコントロールが求められる。これがスキナーの主張である（B・F・スキナー著、山形浩生訳『自由と尊厳を超えて』春風社、二〇一三年（原書は一九七一年）、参照）。

(五) 法、政治、歴史

手みじかな案内書では、途方もないカントの一生涯の仕事全部を提示することは不可能である。ここでは、カントの実践哲学の残りの部分領域に注意を促すことだけを課題とする。カントの法論は知られていることがもっとも少なく、加えてたいてい低い評価しか受けなかった（vgl. Höffe 208 ff.）。カントは、その後期著作『永遠平和のために』（一七九五年）において政治の理論家として登場するが、この著作の基本理念は、ともかく第一次世界大戦後の国際連盟の創設に影響を与えた。これに対して『世界市民的見地における一般史の理念について』（一七八四年）と『人類史の憶測的起源』（一七八六年）に見られるカントの歴史哲学は、比較的頻繁に、大学外でも教養講座で取り上げられる。というのも、これらの著作は、啓蒙の著作も同じだが、いわゆる「小さな」著作に属し、そこで、通俗的で誰にでも関心を持たれる近づきやすいカントを代表しているからである。これらの受容史がたいへん異なっているため、たいていこれらの三つ［法、政治、歴史］の内的連関のみならず、それらに共通の根、つまり定言命法もまた視界から消失してしまうのである。

「自然法」は、十九世紀に至るまでは、国家の立法よりも上位の超実証的な法の最高形態を意味するとされた。公正な法が問題であり、たんに強制的条例が問題であるだけではないとすれば、国家による立法は自然法に合わせなければならない。この言葉は、何はさておき自然法の学説を、したがってわれわれが今日「法哲学」と呼んでいるものを意味した。この学問の根本問題は、「法とは何か」であったし、今日でもそうであり続けている。何がここかしこで「合法的（レヒテンス）」であるか、を問うだけではなく、合法的でありうることが普遍的試金石に適合して「正しい（*recht*）」かどうかをも問う場合に——「普遍的な試金石に照らして一般に正ならびに不正（*iustum et iniustum*）が認識されうる」（MS B 32［VI, 229］）わけだが——、この問題の解決は、経験の領野では見いだされえない規範的な問題に関わっている。このことはカントにとって明らかである。したがって、一種のア・プリオリな認識としての形而上学に関するカントの理解では、この場合形而上学的問題設定に関わっているのである。この問題設定にカントは、『人倫の形而上学』（一七九七年）の「法論の形而上学的基礎論」という見出しが付けられた部門において取り組んでいる。トマス・ホッブズとともにカントは、自然法は理性の法としてのみ根拠づけうると確信しているが、もっとも彼は、道徳哲学においてと同様にここでも「純粋な」理性にもとづく法原理に固執する。というのも、ただそのようにしてのみ、自然法の普遍的で必然的な妥当が保証されていることになるからである。

　カントは、法原理に関するおのれの見解を定言命法にもとづいて説明する。これによって定言命法は、新たに、私的な道徳という狭義における道徳の根本法則のみならず、「人倫」一般の根本原理であると証明される。法原理は、社会のうちで自由で平等な人々の間で行なわれる外的人間関係へと適用された定言命法以外の何ものでもない。われわれが自由で平等な人間として互いに尊重し合わねばならないということは、定言命法の目的－手段－公式からだけでもすでに帰結することである。どのようにして、定言命法によって要求されたことが社会的規範において実現可能であるかは、法の概念へと導かれる。「したがって法とは、ある人の選択意志が他の人の選択意志と自由の普遍的法則に従って共に一致させられうるための諸条件を総括したものである」（MS B 33 [VI, 230]）。しかし、「自由の普遍的法則」は普遍化可能な格率でしかなく、ここから次のことが帰結する。「各人の行為が、あるいはその格率に関して各人の自由が、あらゆる人の自由と普遍的法則に従って共に成立しうるなら、各人の行為は公正（ゲリヒト）である［アカデミー版では公正（gerecht）ではなく「正しい recht」］」（MS B 33 [VI, 230]）。決定的なことが立法にも言える。立法が定言命法を、自由で法の前で平等な市民が営んでいる外的な共存生活における最高の「自由の普遍的法則」として実現する場合に、立法は「正しく」「公正」である。

この場合に法は、あらゆる客観的法義務のために何が存在するかを確定することに制限された。法への服従の主観的「動機」に関する問題は、カントによれば、徳論に属する、つまり、実践哲学のなかで法哲学からは区別されうる学問分野である倫理学に属する。客観的法と主観的道徳との区別は、両面相互間の侵害に――つまり、個人的道徳性から法的現実性への還元にも、また各人が通用している法に違反する場合にその人をただちに「悪い人間」とする法の道徳化にも――対立するのだからとくに重要である。法は、個々人に義務に従って行為する合法性を要求する。これに対して道徳性には、したがって義務に従う行為の「動機」には、法体系はまったく関係しない。

法と道徳とのこの根本的な相違は、カントが実践哲学においても二分法的思考に固執し、対立の仲介には、まして和解には至らなかったことを示すものだと、繰り返し語られた。カントはまさに有限性の哲学者であり、そうであり続けたとされたのである。そこでヘーゲルは、彼の法哲学において、抽象的な法と道徳との統一としての新たな人倫性を目標においた。その際多くの人が――とくに、そうした区別が余計なものとなるだろう支配のない社会を空想する人々が、さらには新しい「民族共同体」の保守的理論家もまた、ヘーゲルに続いた。このカントの「克服者たち」にとってとくに気に入らないのは、法とは「強制の権能」と解きがたく結合されている（MS B 35［VI, 231］）というカントの主張であるが、とにかく強制は、あらゆる人の自由とは相いれないと思われる。カントはこのことを、各人の自由が他のあらゆる人の自由と相いれるのは、他の人の自由を妨げるためにおのれの自由を利用する人々が、まさにそれ「他の人の自由を妨げること」を妨害される場合でしかないと指摘することによって根拠づけている。強制と結合されたこの自由妨害の基準は、ともかくいつも「自由の普遍的法則」でなければならない。したがって、その都度、異なる個々人の自由が共存することを保証するようなそうした法則でなければならない。カントは「自由の妨害の阻止」という思想をおのれの処罰理論に対しても土台としている。道徳の理論にとってそれから分かるのは、道徳的なことが法と違って無理強いされえない命法の遂行から生じていることである。これについては、カントの『人倫の形而上学』の他の部門、「徳論の形而上学的基礎論」で扱われる。

自然状態においてさえ法の理念は、純粋な理性原理とみなされる。カントは、自然状態では誰もがおのれの権利を自分の手のうちにもっており、そのためこの状態を、「決して互いに対する暴力行為から安全ではありえない」（MS B 193［VI, 312］）状況と考える。こうして自然状態は、決して不正な状態のことではなく、法を欠いた状態のことだと判明する。ところで法を実現するためには、人間は「原則」に従わねばならない。「自然状態においては各人がおのれ自身の考えに従うが、この自然状態から出て、「何よりも先に市民状（ビュルガーリヒ）

態に入らなければならない」[20]（MS B 193［VI, 312］）。「市民的（ビュルガーリヒ）」という言葉は、この場合社会学的に、住民の特定の階層を意味するものとしてではなく、ラテン語の *civilis* という概念を翻訳したものと解されるべきである。この言葉は、国民（*cives*）である市民の性質を意味している。というのも、国家（*civitas*）はヘーゲル以前には、「市民社会」（*societas civilis*）として一般に定義されたからである。「市民状態」そのものは、カントによって、すでにホッブズやロックやルソーによってそうであったのと同様に、「各人に、おのれのものとして承認されるべきものが、法的に決められ、十分な力（この力は、おのれの力ではなく、外的な力である）によって取り分とされる」（MS B 193［VI, 312］）ような状況として理解される。

20　ホッブズの文言、「自然状態から出るべきである（Exeundum ex statu naturali）」をヘーゲルも賛同して引用した。Vgl. Hegel 10, 311 f.

おのれの先行者たちと共にカントも、実現力を備えた法的状態を自然状態から生じさせるために、万人の万人との契約という比喩を利用する。彼によっても「一致し一体化したあらゆる人の意志だけが、各人があらゆる人に関しても、あらゆる人が各人に関しても同じことを決定する限りで、したがって普遍的に一体化した国民の意志のみが、立法しうるのである」（MS B 195 f.［VI, 313 f.］）。だがこの契約締結は、歴史的出来事とはみなされえず、たんに国家創設の行動の理念とみなされうるだけである。国家創設の「行動の理念に従ってのみ、国家の合法性が考えられる」（MS B 198 f.［VI, 315］）のである。ホッブズやロックの場合、契約締結は、安全と所有物に関する自然状態における人間の周知の固有な関心に発することであり、どのようにすればこの関心をもっともよく実現できるかという戦略的熟考と結合されていたが、これはカントにとっては十分なものではなかった。この点でカントは、ホッブズやロックから区別される。「法の諸法則のもとに多くの人間を一体化するもの」（MS B 194［VI, 313］）である国家は、カントによれば、われわれに理性が命令的に与える法の理念を、人間自身が現実化したものである。そのため、自然状態から法の状態へと移ることは、賢さの問題ではなく義務の問題である。

こうしてカントは、法と並んで国家をも純粋な実践理性から演繹する。――この国家は、現実の国家ではなく、むしろ「国家一般の形式、つまり純粋な法原理に従ってこうあるべきとされるような理念における国家」（MS B 195［VI, 313］）であり、「ひとつの共同体へのあらゆる現実的結合にとって……基準（規範（*norma*））として役立つものである」。カントの規範的国家概念は次のような意味である。つまり、たんなる強制の実行機関以上のものである各国家は、法や規則の国家であり、この場合法や規則は、以下の「ア・プリオリな諸原理」つまり、「１　結社の各成員間において人間として自由、２　各成員がそれぞれほかの成員との間において国民として平等、３　共同体の各成員が市民として自立」（ThP A 235［VIII, 290］）に依拠して定められる。われわれの見るところ、われわれのドイツ憲法が社会福祉国家の原理において保証している友愛と連帯という理念が欠けている。カントは、これらの理念については法的には強制されない徳義務の領域を参照するように指示する。同時にカントは、市民の権利を自立的な人々に、つまり、財産によってであれ、自分を養う職業によってであれ、とにかく経済的に独立である人々に制限している。彼らに対してのみ、カントによれば根源的な契約の理念に従う立法における投票権が認められる（ThP A 244 f.［VIII, 295 f.］）。カントは権力分立の原理をも国家の理念から導き出す。各合法的な国家には「立法者という人格における支配権（主権）、（法律に従う）統治者という人格における執行権、裁判官という人格における……司法権」が属する。驚くべきことに、カントは、モンテスキューから受け継いだこのモデルを、このモデルが形式的には「実践的理性推理における三つの命題」（MS B 195［VI, 313］）に対応すると主張することによって、唯一の理性的なモデルとして証明しようとしている。

　カントの国家論において目に留まるのは、主権者を立法権（レギスラティーヴェ）と同一視する点である。これに対して「国家の執政者（国王（*rex*）、支配者（*princeps*））」は、執行権（エクセクティーヴェ）を所有するが、とはいえ超法規的位にあるのではない。カントにとって執政者は「国家の代理人」

（MS B 200［VI, 316］）――若いフリードリヒ二世が語っていた国家の「最初の奉仕者」を想起させるもの、である。こうしてカントは、「同時に立法を行なう政府なら、専制的と呼ばれうるだろう」（MS B 200［VI, 316］）と語る。立法権あるいは執行権が、司法の機能をも引き入れるなら、事情は同じであろう（vgl. MS B 201 f.［VI, 317 f.］）。実はカントの理性国家は、ルソーの意味で共和制的である。なぜなら、彼は真の主権をたんに「普遍的に一体化された国民の意志」（MS B 196［VI, 313］）に分類するのだからである。たとえこの主権がどのように現実化されているにせよ、専制的であれ貴族制的であれ民主的であれ（vgl. MS B 238 f.）、合法性の基準は常に、「国民がおのれ自身について決定することができないことは、立法者もまた国民について決定することができない」（ThP A 266［VIII, 304］）のである。ところで、通用している憲法の明らかな欠点に関しては、カントによれば、「体制が、法の諸原理と最大に一致している状態」に達することを目指して努力する義務がある。というのも、そうするように「理性が定言命法によってわれわれを拘束する」（MS B 203［VI, 318］）からである。この場合、立法的主権者による改革のみが成功しうるのであり、これに反して革命はそうではありえないとされる（vgl. MS B 208［VI, 321 f.］）。正当な抵抗権をさえ、カントは自己矛盾なものとして法状態においては排除する。つまり、法律違反に対しては何らの権利も存在しえない（vgl. MS B 206［VI, 320］）とする。

「体制が法の原理と最大に一致している状態」を定言命法がわれわれに命じるのだが、その状態を示すのが、カントにとっては、最高の法則である「国家の福祉（ハイル）」である。カントは「国家の福祉が最高の法である（*salus reipublicae suprema lex est*）」を引用している（MS B 202［VI, 318］）。このようにして最高の法則はまた、国内政治に関してだけではなく、国際法の基準においても、すべての政治の最高のガイドラインを形成する。同様に諸国家相互の関係においては、自然状態からその外に出ることが肝心である。ホッブズの場合、第一の自然法は、「平和を求めよ」（Hobbes I, XIV）といわれるが、だがそれは純粋な賢さの規則であった。カントにとっては、あらゆる国民のもとでの平和は、理性理念であり、しかもたんに有用な原理とか倫理的‐博愛主義的原理としてのそれではなく、結局は定言命法そのものによって命じられている「法的原理」（MS B 259［VI, 352］）としての理性概念である。そのため、「永遠平和」は空虚な夢物語ではない。というのも、「われわれの内なる道徳的‐実践的理性は、自然状態でのわれと汝との間であれ、諸国家としてのわれわれの間であれ」、絶えず脅かす戦争について「戦争は存在すべきではない、と抗いがたい拒否を宣言する」（MS B 264［VI, 355］）からである。これに対応して、ここでも当為［為すべし］は能為［為しうる］を含意している。カントは、後期著作『永遠平和のために』（一七九五年）においてこの能為［為しうる］を詳細に世界的な平和条約［契約］として述べた。「法の諸規則のもとでの多くの人間の一体化」（MS B 194［VI, 313］）である国家における「市民状態」の演繹の場合と同様に、どのようにして実践理性によって定言的に「無条件に」要求された世界基準での「市民状態」が、したがって「世界市民状態」が達成されうるのかを示すために、カントは改めて契約の比喩を利用する。世界市民状態は、「法を普遍的に管理する市民社会」（IAG A 394［VIII, 22］）において実現しているものとされている。

この目標は、カントによれば同時にあらゆる政治の最高の指針であるが、政治を彼は「実行する法学」（ZeF B 71［VIII, 370］）と規定している。これによって、世界史が「区裁判所」（ビスマルク）であるとか、法律家が政治を引き受けるべきである、ということが意味されているのではない。カントにとってもっぱら問題だったのは、「政治的手腕（シュタークルークハイト）の原理」と「道徳」との一致、つまり、われわれがおのれの行為を、政治においても普遍化可能な格率に合わせなければならないし、それとともに、世界市民的基準における内的ならびに外的平和という課題に合わせなければならない、という形式的原則との一致であった。まさにこのことが、カントにとって「道徳的政治家」をつくるが、それは「政治的道徳家」と区別してのことであった。「政治的道徳家は、政治家の利益に役立つように道徳を案出し」（ZeF B 76［VIII, 372］）、そうして道徳化を政治的道具にする。そこで肝要なのは「したがって真の政治は、前もって道徳を信奉しているのでなければ、どうにもならないし、たとえ政治それ自身が困難な技術であるとはいえ、政治と道徳との統一はまったくなんらの技術でもない」（ZeF B 97［VIII, 380］）ということである。というのも、定言命法によって命じられたことつまり世界市民的状態は、可能であり、そうでないなら、無条件には命じられていないだろうからである。

この思想をカントはさらに、最高の目標としての歴史全体の意味について反省する際にも利用する。ここであらゆることが普遍的な自然法則に従って生じうるとしても、学問的な歴史哲学は、次のような次第で挫折する。それは、人間が「動物のように本能に従って」だけふるまうのではないが、「とはいえまた、理性的な世界市民のように取り決められたプランに従って全体的にふるまうわけでもない」（IAG A 387［VIII, 17］）からである。全体が何に帰着するのかは、観察によっても、あらゆる人間の活動性があらゆる人に共通の行為目標に対してもつ関係によっても探り出すことはできない。「人類（メンシュハイト）」が歴史のうちで行為することはなく、おのれに目標を設定し目的に従うのは常に個々の人間である。このことは、「おのれの長所をたいへん誇りにしているわれわれ人類をどう理解すべきか、結局は分からない」（IAG A 387［VIII, 18］）といったような混沌とした帰結を伴う。ここであきらめる必要がないように、カントは『世界市民的意図における普遍史の理念』を提供している。それによれば、秘密の「自然意図を、人間的事柄のこの不合理な進行の内に発見できないかどうか」（IAG A 387〔VIII, 18〕）については、よく考えられねばならない。この「自然意図」は、カントによれば、人間がおのれの歴史の経過のうちでおのれの自然素質を完全に展開すべきだということを本質としている。さらにカントは、このことが、最終的には「世界市民的状態」のうちでのみ、したがって世界基準で「法を普遍的に管理する市民社会」の領域のうちでのみ可能であると指摘する。カント自身は、おのれの歴史の反省をまさにこの「世界市民的意図」のうちで企てるのである。なぜなら、この反省は世界規模の法的平和という例の目的に近づくことに貢献できるからである。したがって、カントの場合に歴史哲学と呼びうるものは、付録として実践哲学に属するのである。

(六) 宗教

宗教がただちに実践哲学につながることは、カントの宗教論にも言える。なぜカントは神証明を反駁した後に神の問題にあらためて取り組んだのだろうか。ハイネが語ったように、彼の使用人ランペに対する博愛からにすぎないのか、それともまったく感傷からであろうか。実のところカントは、神の問題に取り組むことを決して止めなかった。なぜなら、われわれの全形而上学的伝統によって、それがまったく不可能であると確信していたからである。神の存在を哲学的に証明できないということは、「神」というテーマがそれによって不要であるということを必ずしも意味しない。『純粋理性批判』では「哲学者の神」つまり、「根源的存在者（*ens originarium*）」「最高の存在者（*ens summum*）」「すべての存在者のなかの存在者（*ens entium*）」（B 606 f.）が問題であったが、この存在者を欠くとすれば、合理主義的形而上学の体系は基礎を欠き不完全なものであっただろう。この神概念はカントによれば、批判哲学においても現実的であり続ける、つまり、統整的原理としてそうであり続ける。

> 理性の統整的原理は、世界におけるあらゆる結合を、完全自足な必然的原因から発現することであるかのようにみなすが、それは、世界の説明において、普遍的法則に従って必然的でもあるし体系的でもある統一のための規則を、この必然的原因に基づかせるためである（B 647）。

かのように（das Als-ob）という仕方では、神に対して、何らの宗教的関係も維持することができない。〈かのように〉の意味はここでは、世界認識を組織するその機能に尽きる。ところが宗教においては、学問的認識ではなく、信じること［信仰］が、つまり、カントによれば主観的に十分な真とみなすことであると同時に、客観的には不十分とみなされる真とみなすことが、問題なのである（vgl. B 850）。信じられるもののまさにこの地位は、「純粋実践理性の要請」にふさわしいものだが、これをカントは『実践理性批判』で導入する。この要請は、主観的に必然的な想定であるが、この想定は、定言命法がわれわれに対して義務を負わせる全範囲をわれわれが理解する場合、われわれに避けがたく切迫する。ここで問題なのは、徳により幸福に値することと幸福との完全な統一を目指して努力するように、との命令以外の何ものでもない。この統一が「最高善」である。この場合幸福は、有徳者がおのれの徳によってさらに何かをもとうとして、幸福に値することへとさらに追加として持ち出すかもしれないたんなる補足とはみなされえない。そうではなく、人格としての人間は、定言命法によれば決してたんに手段ではなく結局は目的自体なのだから、人格が「幸福を必要とし、またそれに値する、にもかかわらず幸福に与らない」とすれば、この「善」は、あらゆる人格にとって完全で最高の善ではないことになってしまうだろう（KpV A 199［V, 110］）。

もっとも、この最高善が「実践的に可能」（KpV A 203［V, 112］）なのは、魂が不死である場合——つまり、魂が、最高善に限りなく接近するのに充分な時間をもつ場合（vgl. KpV A 220［V, 122］）——だけであり、そこで、神が存在する場合だけである。こうしてカントによれば、「神の現存在を想定することは道徳的に必然的」である（KpV A 226［V, 125］）。なぜなら、このことのみが、なぜ世界が〈われわれが、おのれの行動によって得ようと努めるべきである最高善に、実際に原理上はたしかに到達しうる〉ように配備され統制されているのか、を説明するからである。したがって宗教は、三つのカントの主要な問いの第三の問いへの答えである。第三の問いとは、私が、おのれを道徳的存在者と解する根拠をもつ場合、私は何を希望すること**が許される**のかというものである。この根拠を私は、カントによれば、この希望のためにのみ道徳的であろうとする場合にはもちろんもたない。この意味で彼の有名な定義「宗教は（主観的に考察すれば）、神の命令であるわれわれの義務の認識である」（Rel B 229［VI, 153f.］）も理解されうる。——したがって、カント自身が道徳を理性的存在者の自律に基づくものとしたのに、それに反して、旧約聖書へ、つまり、他律倫理学への逆戻りとして受け取られることはできない。「啓示宗教にあっては、私はあらかじめ、或ることが神の命令であることを知らねばならない」。この「啓示宗教」と区別されるのが「自然宗教」であり、「自然宗教においては、或ることを私が神の命令と認めるよりも先にそのことが義務だと知らねばならない」（Rel B 229［VI, 154］）。私にとってこれが可能なら、その場合には私は、「最高善」を期待する根拠をもっているのである。

「自然宗教」——これは、一七九三年に出版された彼の著作『たんなる理性の限界内の宗教』のテーマである。この著作によってカントは、キリスト教の教義の包括的な解釈を、理性を宗教において信じられることを測る基準に高めようとした合理的宗教批判というまさに啓蒙の伝統のうちで企てた。カントの場合、道徳の特殊な合理性が、試金石であり、そのため「教会信仰は、純粋な宗教信仰をその最高の解釈者として所有する」（Rel B 157［VI, 109］［シュネーデルバッハが引用している文中 Kirschenglauben の語末 n と〔…〕を除去］）。こうして原罪についての聖書の教えが、ふたたびカントによる「人間本性における根源悪」（Rel B 3［VI, 19］）に関するあらゆる啓蒙の楽天主義者を惑わす深淵な熟考において登場する。この根源悪は、カントによれば人間の性癖の内にある。人間の性癖は、自由に基づいて、道徳的に悪い格率を善い格率の代わりに行為の動機にする。だがこの場合それから逃れる方策としては、外部からの救済ではなく、善へと向かう人間の自由な改心（ウムケーア）が現われる。この改心は人倫法則が無条件に命じ、そのためまた可能であるにちがいないものである（vgl. Rel B 48 ff.）。こうして「神の息子」も神によって送られた救済者ではなく、カントによれば、「完全な道徳的な完全性における……人間性」しか含まない「善い原理の人格化された理念」である（Rel B 73［VI, 60］）。したがって歴史上のイエス・キリストは「福音の教師」にすぎない。イエスはその教えを「無実であって同時に最も功績に富む死に至るまでの苦悩」によって証明したが、だがその「復活と昇天の歴史は……その歴史的評価は別として、たんなる理性の限界内の宗教には利用されることができない」（Rel B 192［VI, 128］）。これによりカントは出版禁止を招いてしまったが、それも、次の点を考慮するなら驚くべきことではない。神学者によって支配されていたプロイセンの検閲は、「善い行状の他に、神意に適うように人間がさらに行いうると思い込む一切のことは、たんなる宗教的妄想であり、神への偽の奉仕である」（Rel B 260 f.［VI, 170］）をもさらに読まされたのである。この際にカントはさらにもう一つ付け加えている。

> ツングース族のシャーマンから、教会と国家を同時に統治するヨーロッパの高位聖職者に至るまで、あるいは……「私を打ち殺すな」という短い祈りを捧げつつクマの毛皮の前足を朝に頭にのせるまったく感性的なウォグリッツェンから、洗練された清教徒やコネティカットの独立派に至るまで、信仰の流儀では大きな隔たりがあるとしても、信仰の原理においては隔たりはない。というのも、信仰の原理に関しては、彼らはみな同一の部類に属する、つまり、それ自体では何らのより善い人間を作ったりし

ないこと（ある種の規約上の教義を信仰することやある種の任意の慣例の祝い）に神への奉仕を置く人々の部類に属する（Rel B 271［VI, 176］）。

こうして宗教は、――「善い行状」がわれわれに希望する権利を与えるのだが、このわれわれのまともな希望の総括として――「たんなる理性の限界」内のみならず、道徳性の領域でも存在し続けなければならないのである。

第四章　人間の理性

理論的理性に関しても実践的理性に関しても、理性の批判という場合には、われわれ人間の理性が問題である。このことは、神の理性なら批判を必要としないということからしてすでに明らかである。神の理性なら認識することにおいて限界が設けられてはいないだろうが、この限界を探ることこそ理性批判の課題である。また、神の理性は実践的原理として何らの当為も知らないだろうが、この当為の可能性と根拠とを実践理性の批判は保証しなければならないのである。『純粋理性批判』の「方法論」でカントは次のように記している。「私の理性の一切の関心（理論的関心も実践的関心も）は以下の三つの問いに統合される。⑴私は何を知りうるのか。⑵私は何を行なうべきか。⑶私は何を希望することが許されるのか」（B 832 f.）。有限な理性のみが、こうした問いにおいて言い表わされるような関心をもちうるのである。絶対的な理性なら決して関心をもつことはないだろう。なぜなら、絶対的な理性は自分だけで充足しているだろうからである。われわれの理性の有限性がカントの著作においてとりわけ明らかになるのは、彼によって企てられた純粋理性の体系さえも、この体系そのものにおいて詳細に示され根拠づけられるような限界に突き当たることである。そこでももちろんのこと、有限な理性の人間的なことは何をまさに内容としているのか、つまり、この理性のプランが人間の理論としての人間学にどのように関係するのか、がさらに問われることになる。

(一) 体系の限界－判断力

この限界はすでに、カントが第三批判、『判断力批判』(一七九〇年)を書くことを余儀なくされたという事実によってだけでも明らかになる。判断力はカントにとって「規則のもとに包摂する、つまり、或ることが与えられた規則に……従うかそれとも従わないかを区別する能力である」(B 171)。したがって判断力は、規則の能力である悟性ならびに原理の能力である理性と並ぶ、思考の能力でさえある。判断力の特殊性は、悟性や理性のように規則によって限界づけられてはいないという点にある。判断力は開かれた能力であるが、それは、或ることが与えられた規則のもとに属するか属さないかの決定をさらにまた何らかの規則に諮ることはできないからである。それを敢行するなら、この規則使用に対する規則が必要とされるし、この規則使用の規則に対してはさらにまた規則が必要とされるというように限りなく次々に高次の規則が求められ続けるだろう（vgl. B 172）。こうして、明確な規則がないので、判断力は何を果たさなければならないかを教えることもできず、せいぜい鍛錬することができるだけである。判断力はカントによれば、「いわゆる生まれつきの才知の特殊なものであり、その欠落を学校が補うことはできない」（B 172）。そのため、「判断力の欠如は本来、愚鈍と呼ばれるもので、その欠陥はまったく是正されがたい[21]」（B 173 Anm.）。われわれの理論的理性使用も実践的理性使用も、たしかにそれ自身は領域的に異なる規則使用でしかないので、判断力を欠いてはどうにもならないということは、われわれの理性の有限性を示す明白な兆候である。つまり、判断力が欠かせないものだというこことから、われわれの理性使用の結果が決して全面的に最初から予測可能なものではないことになる。それにひきかえ、限界を欠く絶対的理性なら何によっても不意を突かれることはありえないことになるだろう。

21　シラーは「愚鈍とは、神々自身が戦おうと無駄である……」と詠んでいる（『オルレアンの乙女』III.6）。

したがって包括的な理性批判のプログラムの圏域における判断力の批判は、認識能力を悟性に制限するものである理論理性の批判によっても実践理性の批判によっても果たされえないのだから、それだけですでに望まれて当然である。理論理性の領野でも実践理性の領野でも、判断力もまた見られるが、だが固有な適用領域をもつ特別な思考能力として存在しているわけではない。そうはいっても、判断力の批判が、望まれるのみならず実際に欠くことができないことを、一つの問題が明らかにする。その問題に、純粋理性にもとづく哲学は、純粋理性を理論理性と実践理性とに区別することが最後の言葉［つまり決定事項］であるとすれば、直面せざるをえない。その問題とは、どのようにして存在と当為とが、自然と自由とが、最終的に関連するのかである。道徳、法、政治、かつ歴史の領域においてわれわれに義務を命じるものが、事実として存在する世界においても可能であり実現できる、ということを何が保証するのか。これに対してア・プリオリに証明できる答えをわれわれが所有していないということは、あらためて、われわれの理性が絶対的なものではないことを示している。区別されうることをより高次の統一において廃棄されたものとして示すのが絶対的な神の立場であるが、この神の立場をわれわれは明らかに意のままにはできない。この状況においてカントは、判断力の批判を「哲学の二つの部分を一つの全体へと結合する手段」（KU B XX［V, 176］）と解する。判断力の批判が説明すべきことは、悟性によって生じ理論的である「自然概念による立法」と、理性によって生じ実践にのみ関係する「自由概念による立法」（vgl. KU B XVII［V, 174］）とが、結合されないまま並存し続けてはならないということである。したがって『判断力の批判』においては、最終的に純粋理性にもとづく哲学の体系の完了が、つまり、自然の形而上学と人倫の形而上学との内的な連関が問題とされる。こうして、カントは二部門をもつ哲学体系の基礎づけのために三つの批判を必要とすると説明する（vgl. KU B XXV［V, 179］）。

したがって存在と当為、自然と自由、悟性と理性との間の移行が問題である。だが、どのようにして判断力はこのことを可能とするのだろうか。カントによればわれわれは、この能力の二つの使用方法の違いを区別しなければならない。

> 判断力一般は、特殊なものを普遍的なものに含まれたものとして考える能力である。普遍的なもの（規則、原理、法）が与えられているなら、特殊なものをそのもとに包摂する判断力は、……規定的である。だが特殊なもののみが与えられていて、それに対して判断力が普遍的なものを見いだすべきである場合、判断力はたんに反省的である（KU B XXVI［V, 179］）。

われわれがまさにこの第二の状況下にあるのが、包括的な哲学体系における自然と自由との連関が問題である場合である。この場合真っ先に必要とされるのは、多くの経験的な自然認識を汎通的連関にもたらすことである。なぜなら、そうしてのみ、どのようにして自然の国全体が自由と調和するかを問いうるからである。両方の場合において、われわれの課題は、分けられた要素を結合するものを「見いだす」こと、つまり反省において探すことにある。

(二) 客観的合目的性・生命あるもの

これに対する鍵はカントによれば目的概念である。「目的」ということで理解されるのは、「或る客観の概念であるが、この概念は同時にこの客観の現実性の根拠を含むものである」。そして合目的性とは、「或る物が、目的に従ってのみ可能である諸物の性質と合致すること」に他ならない(KU B XXVIII [V, 180])。これに対応してわれわれは、物の諸性質が物の実在の目的に対応する場合、物を合目的的と呼ぶ。これは、われわれがおのれに設定するわれわれの主観的目的にかかわる限り問題ではない。ところがこの場合には、自然が、つまり客観的目的が問題なのである。アリストテレスの自然学の伝統は、自然の諸物の実在と性質を諸物相互間の連関を含めて最終的には客観的目的から説明した。それは、あらゆる目的のなかで最高の目的を到達点として標置する目的論的（ギリシア語 télos：目標、目的）世界像を提示した。これに対して近代の自然科学は、もっぱら原因と結果の図式に従う因果的説明によって操作する。これに伴って自然の統一が問題になる。というのも、個々の因果関係の分析に限られるなら、見渡しうる全体としてこの多様をまとめるものをもはや挙示しえないからである（vgl. KU B XXXV［V, 184 f.］）。同じことはしかも、すでに個々の有機体に関する学問的取り組みにもいえる。つまり、仮にわれわれが、個々の有機体についてあらゆる個々のことを因果的に説明できるとしても、したがってあらゆる何故という問いかけに答えたとしても、依然として何の為かという問いは残されているのである。この意味でカントは「ニュートン」のようなひとの出現を当てにすることを否定した。彼のようなひとなら、われわれがいつか「なんらかの意図が差配したのではなかった自然諸法則に従って、草の茎の生産をも理解させるだろう」（KU B 338［V, 400］）が、カントはそれを否定したのである。これが意味しているのは、この有機体の生きている全体にとってのあらゆる個々の部分や諸性質からなる組織の根拠として、或る目的がわれわれに挙示されうるかもしれない、ということである。

近代の自然科学は、客観的目的を意のままに扱うことができない。そのため、自然において何の為かと問う場合には、生命あるものに関してであれ、自然全体の構造に関してであれ、自然と自由との可能な連関に関してであれ、この問いを断念しようと思わないなら、われわれには反省的判断力を使用することしか残されていない。「自然の多様性における自然の合目的性」は自然の原理であるが、だがそれはわれわれの原理である。というのも、次のような次第だからである。

> 自然所産に対しては、この所産における自然の目的に対する関係のようなものは付与されえない。この「自然の、目的に対する関係」概念は、経験的法則に従って与えられている自然のなかの諸現象の結合に関して、自然について反省するために使用されうるだけである（KU B XXVIII［V, 181］）。

したがって反省的判断力の様式において、カントによれば、生命あるものの世界をもまた自然科学に取り込むことができるし、その世界の特殊性を正当に評価することができる。このことをカントは、目的概念を欠けば可能とはみなさないのである。同じことは、カントによれば「目的の体系」（KU B 298［V, 377］）である自然一般の考察についてもいえる。彼はしかも、自然科学においては自然全体が問題であるという理由から「自然科学の内的原理としての目的論の原理について」(KU B 304［V, 381］) 語る。一見して、これはアリストテレス主義への逆戻りに帰着すると思われる。「世界の現存在の究極目的」という思想の下での自然と自由との統合は、『判断力批判』のごくまれにしか読まれない「方法論」のテーマであるが、これは、しかも創造の神学の軌道へと戻ることに見える (vgl. KU B 396 ff.［V, 434 f.］)。実はこれらすべてはカッコのなかにある。いつも問題は「かのように (Als-ob)」である。この「かのように」を反省的判断力がわれわれに強いるとはいえ、この「かのように」を客観的認識と混同することはわれわれには許されない。

目的概念は経験的概念ではない。というのも、学問的な自然経験はわれわれに何らの目的も示さないからである。だが目的概念は純粋悟性概念でもない。このことが意味しているのは、目的に関しては、悟性は自然に対して「そのことに関して何らの法則も指定できない」(KU XXXIX［V, 187］) ということである。理性が目的を産出するのはわれわれの行為に関してだけであり、これらの目的はたんに当為に関係し、存在には無関係である。カントによれば、われわれはとにかく「目的」や「合目的性」といった概念を自由に使えるのであるが、これらの概念は、さしあたり実践的文脈からわれわれにはなじみのものである。カントの主張によれば、われわれは自然考察に際してこれらの概念を欠くわけにはいかないし、まさにわれわれはそれらの概念をこの場合必然的に論拠として持ち出す。それによって自然の形式的合目的性の原理は――内容に関するあらゆる合目的性の主張の前段において――判断力の超越論的原理の地位を獲得する。この原理はここにおのれの起源とおのれの機能的場所をもつ。つまり、「超越論的原理は、アプリオリな普遍的条件を表象する原理であるが、この普遍的条件のもとでのみ物は、われわれの認識一般の客観になりうるのである」(KU B XXIX [V, 181])。自然の形式的合目的性の超越論的原理は、自然認識の手段では捉えられえない自然現象に直面した場合、どのように「判断されるべきか」(KU B XXXI [V, 182])を確定する。したがってこの超越論的原理は、自然に対してではなく、たんに自然に関するわれわれの反省に対して法則を指定する原理である(KU XXXVII [V,185 f.])。自然の合目的性を考慮して行なわれる自然に関する反省に対するこの指令は、同時に「われわれの認識能力にとっての」自然の合目的性に関係する。つまり、

特殊な諸法則の多様状態にある自然と、この自然にとっての諸原理の普遍性を発見しようとするわれわれの要求とが上記のように合致することは、あらゆるわれわれの洞察によれば、偶然的と判定されるが、それにもかかわらずやはり、われわれの悟性の要求にとっては欠かせないこと、したがって合目的性と判定されねばならない。この

合目的性によって、自然は、われわれの意図と、もっともたんに認識へと向けられた意図とであるが、合致するのである（KU B XXXVIII [V, 186]）。

(三) 主観的合目的性・美と崇高

自然現象を反省的判断力によって合目的的と解する、したがって、われわれの認識の目的と調和するような自然現象と解する。これが実際に上手くいく場合、この決着は、客観的な相貌と主観的な相貌をもつ。その場合客観的な観点では、判断力は自然的なものそのものを合目的的で、自然目的に関係づけられたものとして表象した。もっともそれは、反省的意識へと遡行する働きを欠いては存続しない。この場面でカントは、合目的的と判定された自然はわれわれの認識意図と一致するという経験が、快の感情と必ず結合されていると説く（KU XXXIX [V, 187]）。

これを正しく理解するためには、カントがここで使用している感情(ゲヒュール)の概念が十八世紀初頭にはじめて広まった（vgl. Franke）ことが想起されるべきである。感情は、内外の知覚によって直接生み出されるのではなく、意識が、知覚や経験に対して行なう反応の仕方であり、だがまた意志の活動に対してや、しかも思想に対してすら行なう反応の仕方であることによって、感覚や情動や激情から区別される。感情は第二の序列の情動である。マゾヒストは、痛みを楽しむ。怒りっぽい人は、立腹している場合に「よい（グート）」を感じる。喫煙をやめたい人は、次のたばこを手にする場合に「わるい（シュレヒト）」感情をもつ。よい思想はたいていよい感情とも結合されている。シャフツベリーやハチソンなど以来の感情の理論家と共にカントは、しかし「よい」感情と「わるい」感情を区別するわけではない。この区別は道徳的区別と誤解するかもしれないものである。そうではなく、カントは、「快」の感情と「不快」の感情とを区別する。或る対象を表象する際に快の感情が出現する場合、その際われわれは、カントによれば何らの客観的なものも認識しなかったのであり、対象が、これをわれわれが主観的に表象するように、その形式に関して「反省的判断力において戯れている認識諸能力」と調和し合うことを経験したにすぎない。快の感情は「したがってたんに客観の主観的形式的合目的性」（KU B XLIV［V, 189 f.］）を表現するにすぎない。

或る対象の表象に関するこの主観的合目的性をカントは、この表象の情感的性質と名づける。この性質によってわれわれは、対象そのものについては何も認識しないが、だがこれを土台にしてわれわれはそれにもかかわらず、表象される対象に関して判断する。この一貫した主観関係は、情感的（エステーティシュ）判断力を目的論的判断力から区別する。目的論的判断力は、客観的な自然目的と合目的性に反省的に関係するものである。

情感的（エステーティシュ）判断力の理論によってカントは、近代美学（エステーティク）の伝統を開く。ここでは『純粋理性批判』の「超越論的感性論（エステーティク）」においてのように感性的知覚（ギリシア語 *aisthesis*）の理論はもはや問題ではない。問題は、アレクサンダー・ゴットリープ・バウムガルテン（1714～62）が「美学」として基礎づけたものの批判的な継続である。バウムガルテンの美学は、感性的認識の理論であり、これは「より高次の」認識である論理的認識に対して「より下位の」認識（*gnoseologia inferior*）として登場した。カントは、バウムガルテンによる判断区分、つまり、論理的判断と情感的判断と倫理的判断への区分を受け継ぐが、それと同時に、情感的なものを現実性へのひとつの固有な到達形式として特別な立場におく主張を受け継ぐ。たしかにカントの場合に新しいのは、ここでは一般に認識が問題であるとすることにカントが異議を唱えることである。つまり、情感的なものは、純粋に主観的である。情感的なものは、対象表象に関する主観的合目的性の経験に対する意識の反作用のなかで生じる快不快の感情に関係する、したがって、「まったく認識の要素にはなりえない」（KU B XLIII［V, 189］）ものに関係する、とされるのである。

われわれが情感的判断において主観的に合目的的と判定し、同時に快の感情と結合されたものと判定するものは、しかも、それをわれわれがたんにわれわれにとって私的なものと判定するのではなく、「あらゆる判定者一般にとって」通用するものとみなすというように判定するものは、「その場合美しいと言われる。そしてそうした快によって（したがってまた普遍妥当的に）判定する能力は、趣味と呼ばれる」（KU B XLV［V, 190］）。したがってカントの美学は、十八世紀における趣味の美学の文脈に属する。この美学は例外なく、芸術の自立に基礎を与えようと努めたのだが、形而上学と神学の要求に対抗し、ならびに道徳と政治による占領に反対してそうしたのであった。プラトン以来、美は、理念や神的なものや絶対的なものが感性的に現象したものと解されていた。依然としてバウムガルテンは、「美は、広義での趣味にとって知覚可能であるような現象における完全性である」（Delekat 385からの引用）と定義している。美と完全性とのこの結びつきは、同時に芸術の道徳化への誘いを意味した。つまり、芸術に道徳的完全性の感性化が期待されていた限りでのことだが、それを意味したのであった。美学の歴史におけるカントの画期的業績は、彼が情感的判断力の理論によって、ルネッサンス以来繰り返し主張されてきた情感的なものや芸術の独自性を実際に基礎づけた点にある。

『純粋理性批判』を方法上の手本にしてカントは、情感的判断力が生み出すもの、つまり趣味判断の分析に取り掛かる。「ここで基礎とされている趣味の定義は、趣味とは美の判定の能力であるというものである」（KU B 4 Anm.［V, 203Anm.］）。美は、快適と善との間に位置している。「快適なのは、感覚において感性的能力の気に入るものである」（KU B 7 [V, 205]）。「善いのは、理性を介して、たんなる概念によって気に入るものである」（KU B 10 [V, 207]）。快適と善とはその都度関心と結合されている。これに対して趣味は、「何らの関心もなく、適意や不適意によって対象や表象様式を判定する能力」を目がける。「そうした適意の対象が美しいと言われる」（KU B 16 [V, 211]）。この無関心な適意はさらに趣味判断において、趣味をもつ限りでのあらゆる人のもとで同じ仕方で生じるものと想定される。これは証明できるものではないが、そう想定されるのである。カントによれば、「美しいのは、概念を欠くが普遍的に気に入るものである」（KU B 32 [V, 219]）。この普遍性は、なるほどたんに主観的な普遍性でしかないが、だがこの普遍性は、美しいものを快適なものから、その適意が私的なものにすぎないということによって区別する。カントは次にこれにさらに、美しいものが趣味判断にあっては合目的的と判定されること、その場合特定の目的が関わるわけではないこと、さらにこの「目的なき合目的性」が、あらゆる人に「快適で（アンムートバール）」必然的な適意の基礎として作用すること、こうした諸限定を付け加えている（KU B 32 ff. und B 61 ff. [V, 219 f. und 236 f.] [anmutbar のカント自身によるテキストの該当箇所は不明]）。

この間主観的必然性に関しては、カントは「共通感覚という理念」（vgl. KU B 64 ff. [237

ff.〕）に依拠する。われわれはこの理念を要求しなければならないが、それというのも、われわれがおのれの情感的経験を伝達しうるし、それについて議論しうるということを誰も否定できないからである。共通感覚を欠くとすれば、情感的なものは個々の主観のたんに私的な体験に留まるだろうし、それについて論争することは無意味であろう。共通感覚は、なんらの客観的な認識能力でもなく、むしろ、美しいものが普遍的に気に入る、したがって間主観的に到達可能である、という想定にたんに土台を与えることによって、悟性とは区別されるのである。共通感覚に関するカントの理論にとっての基礎は、感性も構想力も悟性も判断力も理性もどんな人間の場合も構造上は同じだというカントの確信である。そうであれば、情感的判断力が関係する主観的合目的性についても誰でも同一だというわけである。「美の分析論」においてカントは、たんに『純粋理性批判』のカテゴリー表に従うことによって、かなり図式的に処理している。これはたしかに発見的で実り多いが、だが彼の四つの美の規定が概念的に実際に相互に依存していないか、については議論の余地がある。ことごとく美は、感性と悟性との間に位置している。ここで、カントによれば主観的合目的性の情感的経験が生じる。その場合には、特定の対象に直面してわれわれの二つの認識能力、つまり感性的認識能力と概念的認識能力とが、感性的に強制されてもいないし、概念的に導出可能でもない、つまり自由な合致の状態になる（vgl. KU B 68 ff.〔V,

240 ff.]）。

しかしわれわれは理性をもっているのであり、感性と「より高次の認識能力である」理性との自由な協働において、カントによれば、われわれは固有な種類の情感的経験、つまり崇高の経験をもつ。崇高は、十八世紀の美学の重要なテーマであったが、それに関する議論にカントも『美と崇高の感情に関する考察』（一七六四年）によって参加していた。その際カントは、バウムガルテンとモーゼス・メンデルスゾーン（1729～86）に繋がっている（これについてはvgl. Irrlitz 359）。『判断力批判』ではじめて、崇高もまた批判を基礎として検討される。崇高の「精神感情」にあっては、特定の客観に対する主観的合目的性が、悟性が用意する自然概念にではなく、実践理性にもとづく自由概念に関係する（KU B XLVIII［V, 192］）。この経験が生じるのは、各人の主観的評価を超えて端的に大きく強力であるもの――カントはこの場合とくに恐怖を引き起こす自然現象に言及している――にわれわれが直面している場合である。この場合、一方でわれわれは「安全な状態にいる」（KU B 104［V, 261］）のであり、体験したことがわれわれに引き起こしうる不安や怖れのようなあらゆる情動にもかかわらず、おのれ自身を理性的存在者として、したがって内外の自然におのれが依存しているにもかかわらず同時に自然を超え出た高所にあるそうした存在者として意識している（vgl. KU B 106［V, 262］）。カントの美の理論に対してとは違って、彼の崇高の分析に言及したのはごくわずかの人に過ぎなかった。[22]

22　われわれの時代ではここでリオタール Jean-François Lyotard の 1983（dt.1987）の著作『抗争（Le differend）』が想い出されうる。Pries も参照。

カントは、表向きは情感的判断の理論しか呈示しておらず、芸術作品の理論という意味での芸術の哲学は何も呈示しなかったと繰り返し批判された。この非難は本質的にはヘーゲルに遡る。ヘーゲルは『美学講義』において、芸術を情感的なものの主観性と客観性との統一として提示することが問題なのにカントは情感的経験のたんなる主観性のもとに留まった、と非難している（Hegel 13, 88 f.）。ヘーゲル的伝統は一方では、より大きな哲学的野心をもつことなく、十九世紀初頭に独立の大学の学科として成立した芸術学のうちで継続された。他の「継承者」が、ジェルジュ・ルカーチやエルンスト・ブロッホやテオドール・W・アドルノといったヘーゲル主義的傾向をもったマルクス主義者たちであった。だが解釈学的継承者、とりわけマルティン・ハイデガーに刺激を受けた芸術理論家（例えばハンス－ゲオルク・ガーダマー）たちもいた。こうではあるが、ヘーゲルによる「カント」批判は実際には正当ではない。カントは情感的経験の諸対象についても十分に語っている。カントはこれをもちろん芸術作品に限っているわけではない。基礎とされているのはカントにとっては自然美の理論であるが、このことは、情感的観点において反省的判断力が導入された文脈からすでに生じることである。つまり、この場合に快不快の感情は、われわれの認識要求との関係で合目的的と判定されるものが、そう判定されるにふさわしいと経験される際に伴う主観的対応物である。こう判定されたものを、われわれはさらに客観的観点において目的論的に構成されたものと解釈するわけである。［したがって］さしあたり、自然の対象と人為的作品とは区別されない。この意味でカントは「美しい芸術が芸術であるのは、それが同時に自然であるとみえる限りである」（KU B 179［V, 306］）と表現しているのである。崇高の経験も、カントによってほぼ例外なく自然現象をもとにして例証される――もちろんピラミッドやローマのサン・ピエトロ大聖堂も例示されているが（vgl. KU B 88［V, 252］）。ヘーゲルはさらに、自然美を美学から排除したが、その論拠は、芸術のみが美しいし、芸術は「精神」であり自然ではないというものである。ヘーゲルはさらに、その有名な文言「美は……理念の感性的映現（*Scheinen*）として規定される」（Hegel 13, 151）によって芸術の哲学を伝統的な完全性美学の軌道へと連れ戻そうとした。アドルノはおのれの『美学理論』において、たしかにヘーゲルの諸前提を廃棄したのではないが、自然美を復権させた（vgl. Adorno 97 ff.）。さらにヘーゲル主義のカント批判者たちは、『判断力批判』が天才論や諸芸術の分類の素案も含んでいる（vgl. KU B 181 ff.［V, 307 ff.］）ことを無視するのが常である。

カントか、それともヘーゲルか。美学にとってこの争いは、今日まで調停されないままである。だが実のところ、この場合にはカントが現代的理論家である、と思われる。芸術はすでに久しく「もはや美しくはない」[23]し、このことと、ヘーゲルが芸術を理念の感性的映現である美に固定することとは、調和しているとは断じていえない。これに対してカントの場合には、「主観的合目的性」と美との間には解消できない関連はない。美と結合される「快不快の感情」は、現代では事実そうみなされているように、他の「美以外の」情感的性質にも関係しうる。カント主義者が、ヘーゲルとその継承者に反論するのは、芸術は「絶対精神」ではない、ということである。芸術の形而上学は存在しない。われわれの有限な主観性は、情感的経験の基礎である反省的判断力によって示されるのだから、情感的なものは、この有限な主観性の内に含まれたままである。ここからのみ、理論的なものや実践的なものに対して情感的なものの特殊な位置が一般に把握されうる。神々は自然美も崇高も知らないし、そこで、神々は何らの芸術もまたもたないのである。

23 「もはや美しくない芸術（Die nicht mehr schönen Künste）」という表現は、H. R. Jauß に由来する（vgl. Jauß）。

㈣ 人間とは何か

カントは、一七六五年から一七九六年の講義活動の最後に至るまで規則的に論理学の講義を、しかもその時代の大学のしきたりに従い基本的教科書にもとづいて実施した。この教科書、つまり手沢本に含まれていた空白ページにカントはかなりの書き込みや注釈を記した。一七九八年彼は、弟子のゴットロープ・ベンヤミン・イエッシェ、ケーニヒスベルク大学の私講師に、この原稿をハンドブックの形にして公刊するように依頼した。今日一連の講義録と比較できる一八〇〇年に出版された『イエッシェ論理学』には、あらためて『純粋理性批判』から知られている哲学の三つの問いが含まれている。三つの問いとは、「⑴私は何を知りうるのか。⑵私は何を行なうべきか。⑶私は何を希望することが許されるのか」であるが、『イエッシェ論理学』はこれにさらにもう一つの問い「⑷人間とは何か」を付け加えている（Log A 25［IX, 25］）。これに関して次のようにいわれている。

第一の問いには形而上学が答える。第二の問いには道徳が答える。第三の問いには宗教が答える。第四の問いには人間学が答える。だが結局のところこれらすべては人間学に数え入れることができるだろう。なぜなら、先立つ三つの問いは最後の問いに関係しているからである（Log A 25［IX, 25］）。

ここから、カントの哲学は、全体として人間学的である、したがって人間についての哲学である、と結論づけられるかもしれない。カントによれば三つの理性批判的問いが第四の問いに関係するということは、「人間とは何か」が彼にとっておのれの哲学一般の根本的問いであって、最初の三つの問いはたんなる「部分的問い」[24]である、という印象を抱かせる。この印象に現代に至るまで一連のカント解釈者がみな従っていた。彼らはみな、カントの超越論的哲学は、本当は広義における人間学的なものであると主張している。そのためこの哲学は、心理学的、生理学的、生物進化論的、さらには社会学的に「解読され」なければならないが、それというのも、抽象的な原理の理論としてではなく、現実的人間の理論としてのみ彼の超越論的哲学は、確固たる基盤をもつからである、というのである。

24　まさにこのことをフォルカー・ゲルハルト（Volker Gerhardt）が、Gerhardt, 121 f. で主張した。これらの問い全てが哲学する人間によって提出されるという事実は、彼に「カントによれば」、「自分の現存在の本質や価値や目的の探究」が例の部分的問いに導く、と主張させることになる。こうした疑似的な実存主義者のカント解釈は、次の事実を無視するものである。批判的哲学を開始させるのは、「カントによれば」学問としての形而上学に関する問いであり、イマヌエル・カントの現存在の「本質や価値や目的」への問いではない。『純粋理性批判』の最初の文は、「われわれ自身に関することとなると、われわれは沈黙する（De nobis ipsis silemus）」（B II）というベーコンからの引用である。

このような読解が、カントの著作に対する誤解であることは、これらの著作のうちで人間学が占めている位置を見ただけですでに明らかである。一七七二、三年からカントは、冬学期ごとに人間学について講義したが、これは彼の講義のなかでおそらく最も高い評価を得たし成果に富むものでもあった。彼はこの講義によって、他専攻のかなり多くの学生や関心をもつ素人をも聴講者とした。一七九八年に彼は、この講義の草稿を本として、しかも『実用的見地における人間学』という題名で出版した。その序文では次のようにいわれている。

人間についての知識［人間知］に関して体系的に文章化された理論（人間学）は、*生理学的*見地においてのものかそれとも*実用的*見地においてのものかのどちらかでありうる。生理学的人間知は、*自然*が人間を何に形成するのか、そのことの探究に向けられている。実用的人間知は、自由に行為する存在者である*人間*が自分自身から形成すること、あるいは形成しうることや形成すべきことに向けられている（APH B IV［VII, 119］）。

すでにこの箇所は、人間についての理論がカントの体系的哲学の基礎を形成しているという主張を論破するのに適切である。［この引用によれば、］まず第一に「人間知」のみが問題であり、したがって認識や学問は、まして形而上学はまったく問題ではない。次にそうした「人間知」は、生理学的見地においては内容豊かな自然概念を、また実用的見地、つまり行為と生き方に関係した見地においては「自由に行為する存在者」としての人間を要求しなければならないし、引き続いてそれから帰結することを示しうることになる。［ところで注意すべきことに、］これら二つの前提を、人間知の理論である人間学は、みずから根拠づけることができない。したがってわれわれは、理性批判の終了後にはじめて、つまりわれわれが何を知りうるのか、何を知りえないのか、またわれわれに人倫法則がわれわれの自由の理念とわれわれの希望の根拠を勧めること、が確実である場合にはじめて、「人間とは何か、われわれは誰か[25]」と問うことができるのである。

25　フォルカー・ゲルハルトが適切に考察しているのだが、三つの私の問い（Ich-Fragen）に後続するのは、「私は誰か」ではなく「人間とは何か」であり（296）、これによって人間の哲学的自己解釈は、カントの場合最初から「人類」という類の文脈で、われわれが語る（das Wir-Sagen）というパースペクティヴへと移動させられる。ところが「哲学的知の人格的核心」は、キルケゴールのもとではじめて話題とされうるのである。

こうして最初の三つの問いは実際に第四の問い――出発点の問いではなく終結の問いである――に関係する。カントはこのことそのものを哲学の学校概念と世界概念とを区別することによって基礎づけている。

哲学は……哲学的認識つまり概念にもとづく理性認識、の体系である。これは、この学［哲学］に関する学校概念である。世界概念によれば、哲学は人間理性の最終目的に関する学である（Log A 23［IX, 23］; vgl. auch B 867）。

これらの「最終目的」は、カントによれば、「人間理性の究極目的」の下で統一される。「他のあらゆる目的は、最高の目的であるこの究極目的に従属し、この究極目的において統一されなければならない」（Log A 25［IX, 24］）。この究極目的がどこにあるかを示唆しているのが、世界概念のもとでは「世界市民的意味」での哲学が問題であるという主張である。したがって、歴史についてのカントの反省が、人間に関する「自然の意図」の核心として詳述していたこと、それを展望する哲学が問題である。つまり、「普遍的に法を管理する市民社会の実現」が問題である。なぜなら、この市民社会でのみあらゆる人間の素質が展開されるからである（IAG A 394［VIII, 22］、vgl. 403）。もっともこの目標は、実用的見地において推奨されうるだけではなく、定言命法の法的ならびに政治的含意によっても呈示されている。こうして、世界概念に従う哲学を学校概念に従う哲学が前提とすることが明確になる。二つの異なる哲学が問題なのではない。世界概念に従う哲学は学校哲学のたんなる補足さえも提供しないし、学校哲学はまったく同様にうまく除去されうるだろう。それというのも、「人間理性の究極目的」を展望するうちでのみ学校哲学そのものが、有意味になるからである。カントによれば、学校哲学はたんなる「練達性」の領域にとどまるが、一方「世界市民の」哲学は「知恵」という目標に従う。というのも、世界市民の哲学は、「人間理性の最終目的」をわれわれに示すからである（Log A 23 f.［IX, 23 f.］）。したがってさらに人間学が「学校を終えた後に続か」（APH B VI［VII, 120］）なければならないこと、これは、世界知［世間知］と人間知とが、哲学的知恵にとって欠くことのできない成分だからである。

カントの理論は、人間学的に解されるなら、ゆがめられたことになる。そのことは、カントによれば、世界概念が、究極目的としての人間にではなく人間的理性の究極目的に向けられていることからも明らかになる。こうしてカントの哲学は第一に、何はさておき理性の哲学であり、たんに欄外で、また体系に欠かせない補足の手段としてのみ人間の理論である（Marquard 参照）。とくに倫理学の基礎づけにおいては、カントは人間学化を徹底して阻止した。「あらゆる道徳哲学は、全面的にその純粋な部分に基づいており、人間に適用された場合にも、人間の知（人間学）からは少しも借用せず、理性的存在者である人間にア・プリオリな法則を与える」（GMS BA IX［IV, 389］）。こうして「実践的人間学」はせいぜい倫理学の「経験的部門」として問題になるだけである（GMS BA V［IV, 388］）。ミシェル・フーコーは、カントの『実用的見地における人間学』の彼のフランス語翻訳へのいまだ未公刊の緒言において、カントはまだ現代の人間学的エピステーメーには数え入れられない（vgl. Hemminger）し、したがってその基礎づけ問題も共にしないと指摘した。この基礎づけ問題は、とくにフォイエルバッハから若いマルクスを経てサルトルに至る伝統において、現実の人間が、同時に哲学的認識の対象としても、この認識の超越論的条件としても登場するものである。カントが「究極目的」と認定するのは、普段の人間ではなく、人間理性が人間にとって課題とするものであるが、この事実から、不当にも、反身体的で反情念的で、結局は非社交的な合理主義へとカントの場合に推論された（vgl. Böhme/Böhme）。カント自身が幸福に値することと幸福との連関について「最高善」として詳述したことは、批判者たちの誤りを正すはずであった。

　ところで、実際にはかなり多くの人間学的な印象を与える言い回しが、カントのテキストのなかには認められる。『純粋理性批判』では例えば次のように語られている。「直観が、決して感性的以外のものではありえない、つまり、われわれが対象によって触発される仕方のみを含むということは、われわれの自然本性に必然的に伴っている」（B 75）。したがって何らの知的直観も存在しないし、これが意味しているのは、理性的存在者である人間が感性的に触発可能であるということである。それをわれわれはどこから知るのであろうか。人間存在の現象学からではないし、まして人間に関する経験的学からでもなく、もっぱらわれわれの経験の分析から知るのである。どのようにして経験が実現するかという物語がではなく、もっぱら「経験の内にある」（Prol A 87［IV, 304］）ものの「分解」（vgl. Prol A 81［IV, 300］）が、カントによれば、感性と悟性、直観の受容性と悟性の自発性、という二元性へとわれわれを導くのである。認識において人間理性が感性を必要としていることは、道徳哲学においても精確に対応する。つまり、カントの道徳哲学の主張では、実践理性の立法は、純粋な理性存在者にとって固有な必然的意欲を意味するが、とはいえ、〈感性によって傾向性の形式において触発されうる、理性の能力をもつ存在者〉であるわれわれにとっては、当為の形式を想定することは不可避である（vgl. GMS BA 113［IV, 455］）。こうしてカントは次のようにいう。「……この当為は本来、理性的存在者のもとで理性が妨害なく実践的であるという条件下で、あらゆる理性的存在者に妥当する意欲である」（GMS BA 102［IV 449］）。われわれが両方である、つまり感性的存在者にして理性的存在者であるということをわれわれが認識するのは、たんなる人間の知識（メンシェンケントニス）によってではなく、義務であることについてわれわれが抱く道徳的意識を基礎にしてであるし、義務の受容者であることが何を意味するかをわれわれが理解するなら、これ［感性的存在者にして理性的存在者であること］がその結論である。

困惑させるかもしれないのは、カントが比較的頻繁にまた多くの箇所で、われわれ人間と「あらゆる理性的存在者」との間を区別して扱っていることである（たとえばGMS BA 90［IV, 438］）。その際彼はたしかに、われわれが、われわれ以外のいかなる理性的存在者も知らないと強調している（vgl. IAG A 388 und A 397 Anm.［VIII, 23Anm.］）。それにもかかわらず、カントによれば、われわれはそうした存在者の可能性を排除することができない。したがってわれわれは、有限な理性存在者としてのわれわれと、人間的制限が通用しない他の理性的存在者との相違を未解決のままにしておかねばならないが、［とはいえ］これは、神秘的あるいは宇宙論的思弁への何らかの誘いをも意味するものではない。[26] むしろ、たんにもう一度、純粋理性にもとづく理論的ならびに実践的原理の優位が、あらゆる人間学的なものとの対比において強調される。この場合決して何か抽象的なものが、具体的な人間と争わせられることはない。というのも、理性は「より高次の」審級ではないし、まして形而上学的幽霊などではないからである。理性は、カントが「原理の能力」と名づけている能力である。また、理性は、われわれ以外の存在者も所有しているかもしれない能力であるが、それについてわれわれが知っているわけではない。われわれが理性的存在者である限り、われわれ自身がこれらの原理の作者であり、それならばこれらの原理はわれわれの原理である。これらの原理をわれわれは、おのれの感性の諸条件下で個々に、認識においても行為においても同様に現実化することができる。これに成功する程度においてのみ、われわれはおのれを理性的存在者と捉えることができる。というのも、カントによれば人間は「理性の能力を授かった動物（*animal rationabile*）」であり、この動物は、すでに理性的動物なのではないが、恒常的な完全化の途上で自分から「理性的動物（*animal rationale*）を形成することができる」（APH B 313［VII, 321］）からである。

26　カントはたしかにみずからかつて宇宙論的思弁に、もっともたんに蓋然性の領域においてにすぎないが関与したことがあった。ANT の III 章「天体の住人について」において。

カントは人間を、動物性と理性性（ラチオナリテート）との緊張場面のうちで考えているし、これをいつも人間における普遍的なこと、つまり人間性を顧慮して考えている。こうして定言命法は、すでに引用された目的と手段による表現で、「あなたの人格における人間性をも他のあらゆる人の人格における人間性をも、いつも同時に目的として扱い、決してたんに手段として扱うことのないように行為せよ」（GMS BA 66 f.［IV, 429］）と命じる。そこで問いたい。個人はどこに存続しているのだろうか。カントがいうには、人間が「理性的動物」であるのは、「自己意識というあらゆる他の動物よりも」人間を「際立たせる性質」のためである（EFP A 487［VIII, 414］）。理性と自己意識とのこの結合は、心理学的カント解釈のみならず実存主義的カント解釈をも誘発したが、これらの解釈を束ねているのは次のような信念である。つまり、カントは、われわれが経験的個人としておのれについて知っていることを哲学の基礎にしたのであり、カントがそのことを実際に成し遂げなかったところではカントは訂正されるべきである、というものである。この場合も彼の崇拝者からカントを守らなければならない。自己意識に関して彼の哲学の土台として何が重要であるかを、よく知られた表現を基にして示すことができる。

私は考えるということが、あらゆる私の表象に伴いえなければならない。というのも、さもないと、まったく思考されることができない或るものが、私のうちで表象されることになってしまうだろうからである。これはまさに、表象が不可能であるか、それとも少なくとも私にとっては無であるのと同じことを意味している（B 131 f.）。

思考者自身についてここで語られているのは、一人称単数の観点においてである。したがって、表象が私の表象である、つまり、私の内で表象され、そこで、私にとって或るものであるということについて語られている。私は考えるによってのみ、表象は私の表象である。私は考えるということは、もちろんあらゆる私の表象に事実として伴うわけではなく、たんに可能性の面から伴うというだけである。実際、私は〈p、q、rを考える〉場合に、〈私はpを考える〉、〈私はqを考える〉、〈私はrを考える〉を、私はたしかに必ずしも考えているとは限らない。こうして、私は考えるは、あらゆる私の表象作用をいつもすでに規定する統一機能であり、この統一機能は、表象されるものを表象者である私に組み入れるものであり、そのような機能として意識されうる。カントはこの私は考えるとこれによってもたらされる統一を、「超越論的」という語の厳密な意味において「自己意識の超越論的統一」（B 132）と呼んでいる。つまり、この統一は、「物がわれわれの認識一般の客観になりうる」ための「ア・プリオリな普遍的条件」（KU B XXIX [V, 181]）を眼前に明示する。したがって私は考えるは、カントによれば、現実的人間であるわれわれが自己意識をもつことができるための「ア・プリオリな普遍的条件」である。われわれがおのれ自身について知っているすべてのものの根底には例の超越論的統一が、いつもすでに根底に存しており、それを可能にするのである。

こうしてカントによれば、哲学する人の事実的自己意識と共に始まりうると考えるあらゆる哲学は、〈第一の始まりと誤解されたものそのものが、すでに示しうる前提条件の下にある〉という事実を飛び越す。そしてそれによって、それらの哲学は必然的に循環的なあり方を採ることになる。つまり、われわれの自己知は、自然的世界や社会的世界についてのわれわれの知とまったく同様に経験的であり、経験とは何かとか、何が経験を可能にするかと批判的意図において問う場合、満足しうるであろうどんな経験的答えも期待することは許されないのである。これは実際、自己意識に関するほぼすべての経験的理論にみられる誤りである。もっとも、合理主義的形而上学の伝統でさえ、この誤りにだまされた。すでにデカルトは、私は考える（*ego cogito*）から私［自我］（das Ich（*ego*））について、私は単純で不滅でそのため魂として不死であるという情報を読み取ることができると信じた。カントの批判は、『純粋理性批判』の「純粋理性の誤謬推論について」という非常に輝かしい章で、「合理的心理学」の主張を論証するだけでなく、あらゆる自己意識の理論家たちに対して、私は考えるということを私［自我］と混同する場合に何が起こるかを論証してみせている。私は考えるは、私ではない（Das *Ich denke* bin nicht ich）。私は誰かであり、この誰かが、或ることを考える場合には可能性からみていつもすでに同伴する「私は…を考える」、つまり「私は或ることを考える」を、考えていたのである。これは、私が「私［自我］」を考える場合にも当てはまる。カントは次のようにこれに言及している。

単純でそれ自身だけでは内容に関して完全に空虚な表象である私、これについては決して、それが概念であるとは言うことができず、すべての概念に伴うたんなる意識であると言うことができるだけである。考えるこの私、あるいは彼、あるいはそれ（［考える］もの）によって、いまや思想の超越論的主観＝x以外の何も表象されない。超越論的主観は、おのれの述語である思想によってのみ認識される。そこで超越論的主観から切り離されたら、われわれは決して何らの概念ももちえない。したがってわれわれは超越論的主観の周りをたえずぐるぐる回っているのだが、それというのも、われわれは、何か或ることを超越論的主観について判断するためには、その表象をいつもすでに利用しなければならないのだからである（B 403 f.）。

したがって、私は考えるということは私についての何らの情報も含まないこと、むしろそれは、そうした情報の根底にいつもすでに存していること、このことをカントは、彼によれば「私は考えるという命題は、……それぞれの悟性判断一般の形式を含む」(B 406) と表現している。彼によれば判断は、一定の規則に従う思考機能であるから、われわれは、この命題［私は考える］によって、あらゆる悟性機能の根本形式以外の何も思い浮かべることはないし、この根本形式は、統一へと多様を総合する形式である。

この命題において「私（Ich）」という言葉が意味していることを、カントは「完全に空虚な表象」とか「あらゆる概念に伴うたんなる意識」と捉える。彼はこれをライプニッツの術語で「純粋で根源的な統覚」とも呼んでいるが、「それというのも、この統覚は、私は考えるという表象を産出する自己意識だからである」(B 132)。こうして、私は考えるということは「統覚の根源的‐総合的統一」(B 131) であるという発言も理解できるものとなるであろう。われわれはたしかに今日、「私（ich）」という言葉が、〈たとえ内容のないものであれ何らかの意識の事実を表わす〉との主張のままでカントに従うことはもはや不可能である。実際「私（ich）」とは、話者がその都度おのれの発言や行為の担い手である自分を指示する見出し語であり[27]、それ以外の情報をそれは含んでいないのである。

27 「私 Ich」［大文字］から「私 ich」［小文字］への下降 Abstieg のために。Vgl. Tugendhat 68 ff.

これは主観に関する問題へと導かれる。つまり、カントの観念論的批判者たちが彼を非難したように、カントが主観哲学者である場合——誰があるいは何がそもそも主観なのか。これはふたたび人間学的に哲学することになりはしないだろうか。「主観」や「主観性」といった術語が見られるのは、カントのテキストでは予期しうるだろうよりもはるかに稀である。「主観」ということで頻繁に、たとえば彼が主観を「内感」の対象と呼ぶ場合（B 68）だが、たんに意識が意味されている。カントが内的知覚の媒体と解する内感の様式において、われわれは主観的なものを体験する。上に引用された文章のなかでカントは、「超越論的主観」としての私について語っているが、この主観の「述語」が個々の思想である。そこでこの主観を、われわれはそれらの思想を通じてつまり間接的にのみ、同定しうるのである。「主語（ズブイエクト）－述語」という論理的隠喩の使用はその場合、ここでは思考「考えるということ」が問題であると強調する。この文脈に置いて「主観（ズブイエクト）」という言葉は、「超越論的」との結合において、客観化の範囲外である領域を暗示する。なぜなら、この領域は、主観を認識して捕縛するあらゆる試みに際していつもすでに関わっているし、要求されるからである。誤解や誤謬推理を避けるためには、この場合には主観の代わりに、主観性という言い方を使う方がよいであろう。超越論的主観性――これによって、われわれの心理学的性質や人間学的性質が意味されているのではなく、むしろ、実際には主観よりも優位（プレズブイエクチーフ）にある形式や機能や規則や原理の総括が問題なのである。なぜなら、われわれの世界との関わりと並んで自己知もまたそれによってはじめて可能になるからである。

したがってこの主観性は通常の語義で主観的なのではなく、また何ら個人的なものでもないということを、カントは「意識一般」（Prol A 82［IV, 300］）という文句においてまったくはっきり表現したのである。学問と道徳とを主観性を土台として根拠づけるカントの危険極まりない試みは、経験的主観性と超越論的主観性とを区別できないとすれば、完全に望みのないものであろう。

哲学史の上では、カント後の時代はすでにカントの生前に始まっている。『純粋理性批判』が最初に出版されたのは一七八一年だが、その際にはまだよく理解した上での反響はまったくない状態だった。その後『あらゆる将来の形而上学のためのプロレゴーメナ』を画期的な解説書として、広範な受け入れが始まる。この受け入れは、一連の賛同のコメント、さらには六巻からなる『批判的哲学の百科事典』[28]さえも出現させることになった。活発な批判は、まず最初にライプニッツ・ヴォルフの伝統主義者と通俗哲学の陣営から起こるが、もっともこれは、世紀の転換期にカント哲学がドイツ語圏の大学で支配的になることを妨げることはなかった。もちろんそのような状態に留まったわけではなかった。時代の生産的な自主的思索者たちは、とりわけ『純粋理性批判』の内的困難やいわゆる矛盾に熱心に取り組んで、さらに前に進める解決を提案し始める。この場合とくに重要なのはカール・レオンハルト・ラインホルト（1758～1823）であり、彼は一七八九年にカントの批判哲学の根本的な問題を取り除くと約束する『人間の表象能力の新理論』を発表する。同時にラインホルトは、カント哲学の影響力を『カント哲学についての書簡』（一七九〇年）と『哲学のこれまでの誤解を是正するための寄与』（一七九〇年）で強化する。この時代カントは、疑う余地なく主導的なドイツの哲学者とみなされている。一方哲学的開拓者は同時に、カントによって到達されたことを越えて力強く押し進む。このことは実際、カントの晩年には時代がすでに彼を追い越していたかのような印象を与える（vgl. Kühn 438）。

28　Von G.S.A. Mellin, 1797-1804.

（一）「ドイツ観念論[29]」

29　この「ドイツ観念論」という表現は、一八四八年後にはじめて出現するが、その科学政策的ならびにイデオロギー政治的 ideologiepolitisch 側面のため引用符のなかに設定されるべきであろう。Vgl. dazu Jaeschke.

引き続くカント批判は、たんなる改良にとどまらず、老年のカントが一七九九年に公然と距離を取るに至ったフィヒテの『全知識学の基礎』（一七九四年）によって、新たな特性をもつことになる。いまや問題は、カントの著作を「克服する」こと、しかも、道半ばにとどまったといわれるカントの批判的思考過程を完成することによって克服することである。そのためには、フィヒテによれば精神と文字とを分離する必要がある。F・W・J・シェリング（1775～1854）に宛ててフィヒテは一七九九年に、「カント哲学は、われわれがそうしているように受け取られるべきではないなら、まったく無意味である」（引用はHöffe 286に従う）と記している。それにもかかわらず、フィヒテはいつもカント哲学しか支持しないと主張した。

フィヒテと共にはじまり、ヘーゲルによって頂点に導かれる「ドイツ観念論」の共通目標は、カントの批判主義の内在的批判を手段として思弁的哲学を復権するにある。――「内在的」というのは、この場合に、批判的に哲学することを自分自身へと適用することによって、有限性の立場を越えて到達しようと試みられるからである。ヘーゲルは一八〇一年に次のように記している。

カントの哲学は、その精神が文字から分離されて、純粋に思弁的な原理が、その残余のものから、つまり、多弁を弄する反省に属するかあるいはそうした反省のために利用されうるものから際立たされることを必要としていた（Hegel 2, 9）。

この「純粋に思弁的な原理」を若いシェリングは、すでに一七九五年に『哲学の原理としての自我について、あるいは人間の知における無条件なものについて』という題の基本方針を述べた著作の内で、フィヒテの哲学を引き継ぐ形で詳細に説明している。この思弁的原理は、世界の実体を神と自然との統一と捉えるスピノザの形而上学を、超越論的主観性というカントの理論を基礎にしてくり返す試みを宣言したものと受け取ることができる。この場合には神の席に絶対的自我（ICH）が座ろうとする。ヘーゲルはさしあたりこの計画に加わるが、この計画に照らしてみれば、フィヒテさえ絶対的事行としての自我（ICH）の哲学によって依然として「主観的」過ぎるとみえる（vgl. Hegel 2, 52 ff. und 393 ff.）。ヘーゲルの『精神現象学』（一八〇七年）では、「私の見解によれば、……すべては、真なるものをたんに実体としてではなく、同様にまた主体として把握し表現すること、これにかかっている」（Hegel 3, 23）といわれている。これが意味しているのは、近代の思弁的哲学にあってはスピノザとフィヒテとが一つに合流されうるし、これに反対する人は――彼らは、シェリングやヘーゲルのパースペクティヴにおいてはとくに、正統的カント主義者であるが――「論弁的反省」や「抽象的悟性」を示すにすぎないということである。「ドイツ観念論」のこの二人の先駆者の軽蔑は全面的に、当時彼らによって「反省哲学」(vgl. Hegel 2, 287 ff.)と呼ばれたものに向けられていた。

筋金入りのカント主義者にとってとくにヘーゲルのテキストにおいて気に入らないのは、カントはたしかにまったく良いとはいえ決して十分に良いわけではない、かのようにカントを扱う尊大で見くだす態度である。フィヒテ以後のあらゆる「観念論者」は、人間理性が原理的に有限であるとする主張を論破することに尽力しなければならなかった。したがって、この有限性のカント的象徴、つまり物自体と現象との区別を、世界から取り除くことに全力を傾注しなければならなかった。そのようにしてのみ、カントが追い払った絶対者のパースペクティヴへの帰還が期待できたのである。ヘーゲルの主張によれば、物自体であるもの、つまり、まったく抽象的で空虚な思想の規定、を知ることよりも簡単なことはないが、このヘーゲルの主張に対してカント自身もまったく異議を唱えなかっただろう。だがカントはおそらく、思考と認識作用とはたんに同一なのではないと主張したであろう。つまり、「物自体」ということで意味されていることが、思考され理解されたといってもまだ認識されなかった、と主張したであろう。そのためヘーゲルの場合には、フィヒテやシェリングの場合とまさに同様に、カントに対する批判を納得できるものにするためには、思考と認識作用という概念の完全な解釈変更が必要であった。哲学の後の世代は、この場合にはもちろん彼らに従うことはなく、むしろカントのもとに留まった。カント主義者たちは批判のために批判の能力を、反省のために反省の能力を完全にもっているが、とはいえ彼らは、これらの戦略がわれわれの理性の有限性を越え出て進むことに対しては理由を挙げて否定する。

一八三一年のヘーゲルの死とともに「ドイツ観念論」の没落が始まる。老いたシェリングが一八四一年にベルリン大学にヘーゲルの後任教授として招聘されるが、彼もドイツ観念論の没落を阻止することはできない。「ドイツ観念論の崩壊（ツザメンブルフ）」という言い方は、後に起こったものだが、[30] だがこの言い方は、まったく誤解を招くものである。哲学史のこのエピソードは、破局によって終わったのではなく、実は、「ドイツ観念論」の信奉者たちは第二世代や第三世代において徐々に死に絶えることによって終焉を迎えるのである。彼らはまだ長い間、重要な教授職を占め膨大な哲学体系を作り出したが、だが、少なくとも世紀中葉以降は討論や大学の人事をもはや決定することができなかった。

30　この頻繁に使用された決まり文句はおそらくランゲ（Friedrich Albert Lange）に由来する。ランゲは「われわれが一八三〇年と決めたドイツ観念論の崩壊」について語っている。Die Geschichte des Materialismus (1875), Bd. 2, Neuausg., hrsg. und eingel. von A. Schmidt, Frankfurt a. M. 1974, S. 529. とくにヘーゲルの体系に関係づけられたこの挫折は、新カント派の創立神話と呼びうるもののいつも構成要素であった。Vgl. Köhnke, 59.

これには多くの原因がある。一八四八年の革命が失敗した前後のドイツの諸侯の文化政策と関連する哲学外の要因（vgl. Köhnke 121 ff.）と並んで、さしあたりヘーゲル学派が「左派」と「右派」に分裂したことが挙げられうる。その際に「青年ヘーゲル主義者」（ルートヴィヒ・フォイエルバッハ、ブルーノ・バウアー、アーノルト・ルーゲ、カール・マルクスなど）は大学から追放された。さらなる理由（vgl. Schnädelbach 1983, 89ff.）としては、シェリングとヘーゲルの自然哲学が、自然科学者の見るところでは完全に物笑いの対象であったことが挙げられる。この時代に自然科学は、近代の生理学や生物進化学として文化的な指導的役割をまさに引き受けようとしている段階である。――歴史的精神科学はそれに並ぶものであったが、この方面は観念論的な歴史の思弁によって何も始めることができなかったのである。その根底には、学問の理解に関する根本的な変化があった。この変化は、体系学から探究学（フォルシュング）への移行として説明できる。探究者たちは、完結的体系については何も計画していないし、まして「哲学的」体系については何も計画していない。というのも、彼らは認識の進展に奉仕したいと思っているのだからである。

「ドイツ観念論」が徐々に衰退していった原因としては、アルトゥール・ショーペンハウアー哲学の広範な影響も挙げられる。ショーペンハウアーはすでに一八一八年に主著である『意志と表象としての世界』を出版していたとはいえ、一八四四年後にはじめて、第二巻の補遺も含む後の第二版によって一般の読者を得ることになったのである。ショーペンハウアーは、カントの超越論的観念論を単純化した形で代弁するが、だが「ドイツ観念論」の英雄たち、フィヒテ、シェリング、ヘーゲルに対してはすでに一八一八年に、あざけりと嘲笑と侮辱しか感じていなかった。ショーペンハウアーと共に非合理的なものの形而上学の時代がはじまる。この形而上学によれば、世界を最深部で束ねているものは決して神の理性ではないし、ヘーゲルの絶対的理念ではまったくなく、暗く無目的な衝動であるが、この衝動をショーペンハウアーは「意志」と呼んでいる。ニーチェや生の哲学、またジグムント・フロイトの心理分析さえもこの思考様式の伝統を継続し、われわれの現代に至るまで続いている。つまり、今日でも、ショーペンハウアーがみなしたように、理性の哲学はしばしば平凡で表面的とみなされ、一方で、共感の方は「深層（ティーフェン）」に向かう。この深層は、情動的なもの、前合理的なもの、無意識なものである。

(二) カント－運動と新カント主義

自然科学の隆盛は、当時それまで「ドイツ観念論」によって支配されていたアカデミーの哲学にとって、おのれが今や一般的な軽蔑の対象になりかねず、深刻な同一性の危機に陥ることを意味していた。こうしてアカデミーの哲学は、一部分はこの間に確立されたいわゆる精神科学に逃げ場を求め、「古典作家」のテキスト文献学や哲学史として新たに編成されることになる。というのも、アカデミーの哲学はそこでもまた「探究し（フォルシェン）」うるからである。他の逃げ道が「カントへ帰れ」と呼ばれたものである。カント主義の伝統は決して完全に絶えてしまっていたわけではなかったが、しかしこの伝統に新たな重要性を与えることになったのは、「ドイツ観念論」が時代のパースペクティヴにおいて試みたように自然科学に干渉するのではなく、カント自身が自然科学に対してたいへん充実した関係を維持していたことが想い出されたことによる。ショーペンハウアーは、カントの倫理学を拒否し独自の形而上学を展開したとはいえ、カントの認識論を積極的に支持した。このショーペンハウアーによる受容も後押しとなり、カントの著作には少なくとも近代的科学性の要求と一致しうるし、したがって時代に合う哲学形態が見られると考えられたのである。新カント主義の「勃興」が始まった。

　新カント主義の歴史をここで事新たに物語ることはできない（vgl. dazu Köhnke, Ollig, Pascher）が、新カント主義の歴史が本質的には独断論に対する新たな批判とともにはじまったことは、少なくとも示唆されるべきである。合理主義的形而上学の不当な要求は根本的な批判を必要としたが、カントはこの不当な要求に直面していたのだった。そのように、本来の新カント主義の前段階とみなしうる一八五〇年ごろのカント-運動の支持者たちは、新たな独断論に直面していた。——今や、哲学者のようにふるまう自然科学者たちの独断論に直面していたのである。これらの自然科学者は、最新の認識を一般の人々向けに叙述することを通して、あらゆる哲学的問題を結局は真に科学的に解き明かしうると信じていた。このいわゆる「通俗唯物論者」は、マルクスやエンゲルスがそう呼んだのだが、ヘルマン・ヘルムホルツのような思慮深い自然科学者によって、いかさま師とみなされた。彼らは最新の自然科学的成果など断じて受け入れることができなかったのである(vgl. Köhnke 151 ff.)。当時主導的学科は、生理学であったが、そこでは、われわれから独立に存在しうる世界を、われわれの感覚はまったく再現することができないと知ることができた。常に「特殊な感覚エネルギー」がかかわっているのであり、このエネルギーが、われわれの感覚知覚の性質がわれわれの感覚器官の機能によっても共に規定されるようにする。これは、唯物論者の素朴な模写的実在論に対する論駁と解されたし、そして、物自体と現象とのカント的区別に対する近代的正当化と解された。このようなカント主義の生理学的な再受容をフリードリヒ・アルベルト・ランゲは、その浩瀚でよく読まれた著作『唯物論の歴史』(一八六六年)の土台としたのだが、このカント主義の再受容は、カント-運動へのもっとも重要な貢献とみなすことができる。

ここではカントはとくに「認識論者」として再発見されるが、この際「認識論」ということで理解されるのは、近代の諸学問において生じることに対して欠くことのできない批判的で論理的で方法論的な補足である（vgl. Köhnke 59 ff.）。学問と哲学とのこの補完関係は、哲学がたんに歴史的文献学の部門として復権しようとするだけではない限り、本来の新カント主義の一貫した徴表であり続ける。新カント主義はその二つの主要方向、マールブルク学派（ヘルマン・コーエン、パオル・ナトルプなど）と西南学派（ヴィルヘルム・ヴィンデルバント、ハインリヒ・リッケルト、エミール・ラスクなど）において、「カントの精神」での近代的体系的哲学と自らを考えていた。もっとも、カントの精神といっても、カントの文字に対して責務を負うこともなく、「認識論」に制限されたとも考えていなかった。オットー・リープマンが一八六六年にその著作『カントとエピゴーネン』で「ドイツ観念論」全体を退け、またその際にショーペンハウアーには危害を加えず、あらゆる章を「したがってカントに戻らなければならない」という文で終えた時には、カントを基礎とした新たな開始が考えられていたのであり、したがってたんに歴史的な習得が考えられていたわけではなかった。

新カント主義は、かなり多様な形をとりながらではあったが、ドイツのアカデミーの哲学を一八七〇年頃から次の世紀の二〇年代に至るまで支配した。その後、新カント主義そのものは軽視されることになった。新形而上学者も新マルクス主義者も、過ぎ去ったヴィルヘルム時代のいわゆる時代遅れで不毛な教授哲学に関する軽蔑の表明を互いに競い合った。この教授哲学［新カント学派］に対しては今や、結局は内容に富むもの、現実的なもの、意味のあるものが対置されるべきであった。とはいえ変化した形態で新カント主義は、分析哲学の内で——成果に富む諸学に比べてつつましい様子で生き続けたし、また、近代の学的文化に対する哲学の貢献が、越権である指導的役割においてではなく、啓蒙の精神における批判的同伴のうちにのみありうる、したがってカントの精神の内にありうる、との確信のうちで生き続けた（vgl. Schnädelbach 2000, 43 ff.）。

(三) われわれをカントから分けるもの

十九世紀の新カント主義者と同じで、われわれも単純にカントに戻ることはできない。カントのテキストに取り組みさえすれば、われわれに関係するしわれわれが必要とする哲学が、われわれの手に入るわけではない。カント自身が、哲学史を、哲学として満足する人々を批判した（vgl. Prol A 3［IV, 255］）。われわれはそのような人であることを望まない。こうしてわれわれは、カントの著作の歴史的形態からわれわれを分ける隔たりをも確かめなければならない。

とくに『プロレゴーメナ』は、カントの認識論が当時の学問史の状態にたいへん強く依存していることを示している。カントは、ア・プリオリな総合判断が数学と数学的自然科学において実際に実在したと考え、そこでそれらがどのようにして可能なのかという問いを立てた。ところがこのことは、ゴットロープ・フレーゲからはじまった数学の哲学の論理主義的転回やアインシュタインの相対性理論の後では、ごく少数の者によってのみ擁護されたにすぎないし、一般には、今日では数学は分析的とみなされ、空間－時間－理論は経験的に検証しうる理論物理学の構成部分とみなされる。これに対応して、カントが基本特徴を立案したような「自然の形而上学」もまた存在しないであろう。

感性と悟性との関係はどうかというと、カントは一貫して十七、十八世紀の原子的感覚与件心理学によって刻印されている。この心理学によれば、われわれの感覚器官はわれわれの知覚を、秩序づけられていない材料としてわれわれに届け、次に［これらの材料は］思考によって「総合」を通じて経験の対象へと形成されることになる。これにより、認識過程はひとつの手工業つまりマニュファクチュアの工場のようにみえる。つまり、「経験は疑う余地なく、われわれの悟性が、感性的感覚という生の素材を加工することによって産出する最初の生産物である」（A 1）。認識がそのように成り立ってはいないということを、われわれはとくにゲシュタルト心理学の経験的研究によって、さらにはかなり多くの近代の知覚実験によって知っている。それらが示しているのは、われわれが個々のことをいつもすでに組織化された知覚領野の文脈の内で捉えていること、その結果、知覚の原子論者によれば最初のものであり根源的なものであるとされるものが、後からの分離と抽象の結果であるということである。

思考とは、秩序づけられていないものを「総合」を通じて秩序づけることである、という思考に関するこの理解と、判断に関する次の理論はただちに結びついている。その理論によれば、判断とはその論理的形式からみてそれ自身は総合でしかない、つまり主語と述語を、あるいは、主語の表現と述語の表現によって代表される一つ一つの表象を、繋辞「である（イスト）」によって結合することでしかない。判断のこの総合理論は、プラトンの『ソフィステース』にまで遡るものであり、われわれの時代に至るまで確固として存続している。もっとも、ゴットロープ・フレーゲがすでに『関数と概念』（一八九一年）において対抗モデルを提唱しているし、そのモデルは、大多数の専門家を今日まで説得してきたということができる（vgl. Frege 16 ff.）。この判断論は、説明のつかない繋辞［ist］を述語に数え入れることによって、この場合主語「バラ」と述語「…赤くある（…ist rot）」は、もはや二つの表象原子が相互に関係しているとは捉えられないことになる。「…赤くある」はむしろ命題の断片であり、この断片は、「バラ」のような単独な表現によって補完されることにより、完全でしたがって有意味な命題になる。フレーゲによれば、述語と主語の相互関係は、「満ち足りていない」表現と満たすべき表現との相互関係と同様であるし、あるいは数学の言葉でなら、関数と独立変数との相互関係と同様である（vgl. Frege 27）。カントは判断の伝統的総合理論を依然はっきり主張しているのだが、この総合理論は、こうしてさらにカントの認識の総合理論の背景をも形成しているのである。

> 異なる表象に一つの判断において統一を与える機能（フンクツィオン）と同一の機能が、一つの直観における異なる表象のたんなる総合にも統一を与える。この機能が、一般の表現では純粋悟性概念と呼ばれる（B 104 f.）。

このように、「異なる表象」を秩序づけられていない質料と解するのは当然と思われるが、この質料は、「与えられて」いるが、だがわれわれが認識可能な対象に向き合うためには、まず思考によってさらに形づくられねばならないのである。

哲学が、カントの精神のうちで後々に及ぶ変更を必要としたのは、歴史的意識の形成であった（vgl. Schnädelbach 1983, 51 ff.）。歴史的意識ということによって考えられているのは、たんに歴史的なものに関する意識ではなく、人間の意識そのものが、歴史的である、つまり歴史をもち歴史の内で変わるという認識である。これに対してカントは、意識に関する考察の伝統全体と同様に、依然「意識一般」（Prol A 82［IV, 300］）について語り、それによって、人間の根本構造と能力はこの分野ではあらゆる人に共通で実際に不変であるという確信を表明していた。「普遍的な人間理性」へのこの信仰は、十九世紀には根本的に揺さぶられた。これには、学問的歴史記述において研究がますます詳細になったことと並んで、民族学の成立も本質的に加担した。民族学は、なじみのものとして登場する他の時代や文化が、実際にはわれわれにどれほど疎遠なものであるかを教えたのである。それ以来、人間世界において歴史的ではない何か或ることを計算に入れることは無学とみなされる。これと共にたしかに相対主義の問題が持ち上がる。というのも、われわれの意識が——したがって認識者の意識が——われわれが歴史について認識したいと思っているものとまさに同じように歴史に所属する場合、われわれは歴史的なものの一般的流れのなかで一緒に泳ぐのであり、その場合には、何らの超歴史的ア・プリオリももはや存在せず、したがってあらゆることを包括するパースペクティヴも存在しない。このパースペクティヴのうちで、あらゆることがいったいそもそもどのようであったか、またどのようであるかが確定されうるのだが、このパースペクティヴが存在しないのである。これを機縁としてヴィルヘルム・ディルタイ（1833～1911）は、その『精神科学序説』によって（vgl. Dilthey）理性批判というカント的プロジェクトを、一八八三年に出版された著作の題名でもある『歴史的理性の批判』としてであるが、繰り返さざるを得ないと悟ることになった。

影響史においておそらくもっとも重要な変化を招くのは、「純粋」理性から言語への移行である。この移行を、すでにヨハン・ゲオルク・ハーマン（1730～88）がそのカント批判である『純粋理性の純粋主義に関するメタクリティィク』（一七八四年）において催促した。彼の論拠は、ヨハン・ゴットフリート・ヘルダー（1744～1803）によって、また後にヴィルヘルム・フォン・フンボルト（1767～1835）によって取り上げられ、さらに押し進められた。カントは、いまだ彼に先立つ近代の哲学全体と同じで、アリストテレスのモデルに拘束されたままであった。このモデルによれば、言葉はどのような人のもとでも同じ感覚印象（*pathémata*）の慣習的記号である（Aristoteles, De int 16a）。したがって言語は、各人の意識の内で生じていることを知らせ合うために人間によってつくられた手段に過ぎない。そしてこのこと［各人の意識の内で生じていること］は、表面上は同じ事情の下では事実またまったく同じなのである。この際中心概念は、ラテン語 *idea*、英語 *idea*、フラン

ス語 *idée* のドイツ語の翻訳語である表象という概念である。この意味で、カントが最初というのではなく近代の意識哲学全部が、論理的なものをも言語に先立つ領野にあり続けるものとして扱っている。感覚や知覚や直観のみならず、概念や判断や推論も「表象」あるいは表象結合物である（vgl. B 377）。ハーマンと彼の継承者は、言語は「思想を形成する道具」（Humboldt 191）なのだから、言語は理性にとって無視できないものであると主張している。こうして、彼らはいわゆる「言語論的転回」、つまり、ルートヴィヒ・ウィトゲンシュタイン（1889～1951）による哲学の言語分析的転回の遠い先駆者になったのである（vgl. Schnädelbach 1991 I, 68 ff.）。

思考を哲学的に説明することは、言語を哲学的に分析することによってのみ達成されうる（vgl. Dummett 11）という見解は、フンボルトの影響にもかかわらず、ドイツ語圏ではとくに厄介なものだった。二〇世紀に至っても、とくに新カント主義者のなかでは頑固に「純粋な」言語にたよらない（シュプラハフライ）思考という表象が固守された。なぜなら、思考を自然言語［日常言語］の偶然性（コンティンゲンツ）にゆだねるなら、相対性や偶然性（ツーフェリヒカイト）が侵入する恐れがあったからである。実際、歴史的意識と結合された相対主義問題が、思考を言語に結合する際には今にも繰り返されそうである。というのも、多くの言語が存在し、それらの言語はみな歴史的に生成したものだからである。そこでエルンスト・カッシーラー（1874～1945）の特別な功績だが、彼はまさにマールブルクの新カント主義のもとで学んだにもかかわらず、人間の思考や認識の土台となっているのは、感性的形成物を意味の担い手（ジントレーガー）へとシンボル的に変換することであり、また、われわれはこのシンボル的変換の背後へと分析によって遡ることはできないということを示した（vgl. Cassirer I, 3 ff.）。これによってカッシーラーは、哲学のシンボリック・ターンと呼ばれたものを軌道に乗せた（vgl. auch Langer, Goodman）。それに先立ちすでにチャールズ・S・パースが、記号なしで思考することはわれわれには不可能であること（vgl. Peirce I, 175 f.）、つまり、思考そのものが記号論的プロセスの一つであって、自然言語で話すことはこのプロセスのなかの一例にすぎないことを証明していた。とはいえこれは、われわれのもとでは二〇世紀の七〇年代に至るまで何らの反響もないままであった。したがって、われわれがカントのもとに留まりたいなら、「超越論哲学の変換」（vgl. Apel）が必要であった。この変換は、世界とわれわれの交わりの記号論的で言語論的な諸条件を解明し、もっとも広義における文法的意味批判の方を伝統的な認識批判よりも先行して行なうように批判哲学へと統合するものである。

(四) 今日の「批判的途」

歴史上のカントに対するわれわれの隔たりを際立たせるその他多くの点を挙げうるであろう。たとえば、純粋な実践理性の「事実」としての無条件な当為の意識についての説(vgl. KpV A 56 ff. [V, 31 ff.])、これを、われわれは今日道徳哲学や法哲学を基礎づける際に断念しなければならない。自然目的論の問題は、機能的説明の論理学やシステム論によって生物学者にとっては大幅に片付いたとみえるが、もっともそこでは反対も存在する。——哲学は、システマティクに生じなければならないが、だからといってシステムへと形成される必要はないということは、今日一般に受け入れられている。だがカントにとってはそれでは哲学の学問性の必然的条件が欠けていることになる。——カントの理性批判の土台とされている分析判断と総合判断との区別が、クワイン(1908~2000)以来根本的に問題視されているだけではなく、ア・プリオリなものとア・ポステリオリなものとの区別も同様に問題視されている(vgl. Quine)。とくにこの差異が、相対的でその都度の文脈に依存していること——これは現代のプラグマティズムの根本主張であるが、この主張は、今日、理論哲学においてのみならず、中心的な潮流とみなされうるものである。この主張は、カントやカント主義者に対するリチャード・ローティのたいへん有効な批判にとってその背景をもはっきり示している（vgl. Rorty, II）。こうであるにもかかわらず、われわれはなぜカントのもとに留まり、彼を手本にしてその後を追うべきなのだろうか。

　なぜなら、われわれは、批判的途を採ったときのカントや十九世紀の新カント主義者と似た状況下にある——新独断主義のスキュラと新懐疑主義のカリブディスの間にあるからである。われわれの時代の独断的形而上学は自然主義である（vgl. Keil; auch Keil/Schnädelbach）が、再び自然主義が「息を吹き返し」たのである——もはや機械的唯物論的形態や生理学的形態や生物進化論的形態においてではなく、「ニューロ哲学」として脳生理学者によって息を吹き返したのである（vgl. Roth/Singer）。われわれが脳生理学者に従うなら、われわれはもはや認識論を必要としない。なぜなら、脳波の測定値がすべてのことを説明するからである。また、責任の倫理学にわれわれは安心して別れを告げることができる。なぜなら、意志の自由は脳そのものが生み出した錯覚でしかないとされるからである。してみれば、われわれはまたも、われわれの「人間像」を変更すべきである。これに対して現代の懐疑主義は、デイヴィド・ヒュームとはもはや何の関係もない。というのも、現代の懐疑主義は、疑似自由な（pseudoliberal）相対主義だからである。この相対主義は、

〈ごく最近「ポストモダン」と呼ばれた〉主観的随意性（ビリービヒカイト）を、自由と混同して、われわれカント主義者を古臭く、時代遅れで、隠れ権威主義とみなす。われわれはここでもさしあたり次のように些細な問いを再度提出することによって、「もっぱら依然開かれて」いる「批判的途」をたどる。つまり、もし「ニューロ哲学者たち」が正しいなら、その場合彼らはわれわれに、彼ら自身の学問的な仕事が機能している仕方を、どのように説明できるのだろうか。ニューロ生理学［神経生理学］はやはり、脳や活性的ニューロンのプロジェクトではなく、人格のプロジェクトである。人格は、単なる脳とみなして扱われるなら侮辱されていることになる。［また、］快活な相対主義者たちに聞いてみたい。彼らの自由の表象が、彼らが日常においてこのうえなく当然のものとして要求している民主的な法治国家の原理とどう調和するとされるのかと。なぜなら彼らでも、この原理の代案が、力のむきだしの愚行と知っているのだからである。

　これらは、たんに非批判的思考の現代的形式を代表する実例にすぎないが、これらの形式は、たいてい懐疑的対極やその影によって伴われる。カントの「批判的途」は、そうした窮地からの抜け道として今日でも依然方法的手本に従って、われわれが思考や認識や行為において原則的なことに関して要求することを解明したり再構成したりする領域へとわれわれを導く。これは批判的で是正的な意図においてなされる。したがってわれわれは、かつて啓蒙とよばれその未来が今日では不確かであるプロジェクトに忠実であり続けるわけである。

文献

略記号（カントの著作について）

ANT 『天界の一般的自然史と理論』 Allgemeine Naturgeschichte und Theorie des Himmels

APH 『実用的見地における人間学』 Anthropologie in pragmatischer Hinsicht

Aufkl 『啓蒙とは何かという問いに対する答え』 Beantwortung der Frage: was ist Aufklärung

Denk 『思考において方向を定めるとは何を意味しているのか』 Was heißt: sich im Denken orientieren?

EFP 『哲学における来るべき永遠平和条約締結の告知』 Verkündigung des nahen Abschlusses eines Traktats zum ewigen Frieden in der Philosophie

GMS 『人倫の形而上学の基礎づけ』 Grundlegung zur Metaphysik der Sitten

IAG 『世界市民的意図における一般史のための理念』 Idee zu einer allgemeinen Geschichte in weltbürgerlicher Absicht

KpV 『実践理性批判』 Kritik der praktischen Vernunft

KU 『判断力批判』 Kritik der Urteilskraft

Log 『論理学』（イエッシェ編集） Logik (hrsg. von Jäsche)

MAN 『自然科学の形而上学的原理』 Metaphysische Anfangsgründe der Naturwissenschaft

MS 『人倫の形而上学』 Metaphysik der Sitten

Mund 『可感界と可想界の形式と原理』 De mundi sensibilis atque intelligibilis forma et principiis

Prol 『学問として出現しうることになる将来の各々の形而上学に対するプロレゴーメナ』
Prolegomena zu einer jeden künftigen Metaphysik, die als Wissenschaft wird auftreten können

Rel 『たんなる理性の限界内の宗教』 Die Religion innerhalb der Grenzen der bloßen Vernunft

RM 『人間愛から嘘をつく偽りの権利について』 Über ein vermeintes Recht, aus Menschenliebe zu lügen

TG 『形而上学の夢によって究明された視霊者の夢』
Träume eines Geistersehers, erläutert durch Träume der Metaphysik

ThP 『「それは、理論としては正しいが実践では役立たない」という俗言について』
Über den Gemeinspruch: Das mag in der Theorie richtig sein, taugt aber nicht für die Praxis

ZeF 『永遠平和のために』 Zum ewigen Frieden

本文引用文献

Adorno——Theodor W. Adorno: Ästhetische Theorie. In: T. W. A.: Gesammelte Schriften. Bd. 7. Frankfurt a. M. 1997.

Apel——Karl-Otto Apel: Transformation der Transzendentalphilosophie. 2 Bde. Frankfurt a. M. 1973.

Aristoteles, De int——Aristoteles: De interpretatione (Lehre vom Satz).

Aristoteles, Met——Aristoteles: Metaphysik.

Böhme/Böhme——Gernot Böhme / Hartmut Böhme: Das Andere der Vernunft. Zur Entwicklung von Rationalitätsstrukturen am Beispiel Kants, Frankfurt a. M. 1983.

Cassirer——Ernst Cassirer: Philosophie der symbolischen Formen. 3Bde. Darmstadt[2]1953.

Delekat——Friedrich Delekat: Immanuel Kant. Historisch-kritische Interpretation der Hauptschriften. Heidelberg[3]1969.

Descartes, Abh——René Descartes: Abhandlung über die Methode. Übers. von A. Buchenau. Hamburg 1922.

Descartes, Med——René Descartes: Meditationen. Übers. von A. Buchenau. Hamburg 1915.

Descartes, Prinz——René Descartes: Die Prinzipien der Philosophie. Übers. von A. Buchenau. Leipzig 1908.

Dietz——Simone Dietz: Der Welt der Lüge, Paderborn 2002.

Dietzsch——Steffen Dietzsch: Immanuel Kant. Eine Biographie. Leipzig 2003.

Dilthey——Wilhelm Dilthey: Einleitung in die Geisteswissenschaften. Kritik der historischen Vernunft. In: W.D.:

Gesammelte Schriften. Stuttgart/Göttingen 1920 ff.

Dummett——Michael Dummett: Ursprünge der analytischen Philosophie. Übers. von J. Schulte. Frankfurt a. M. 1988.

Ebbinghaus——Julius Ebbinghaus: Deutung und Mißdeutung des Kategorishen Imperativs (1948). In: J.E.: Gesammelte Aufsätze, Vorträge und Reden. Darmstadt 1968. S. 80 ff., vgl. auch S. 140 ff.

Engels——Friedrich Engels: Ludwig Feuerbach und der Ausgang der klassischen deutschen Philosophie. Sonderausg. Berlin 1960.

Fichte——Johann Gottlieb Fichte: Erste Einleitung in die Wissenschaftslehre. Hamburg 1954.

Franke——Ursula Franke: Ursula Franke: Ein Komplement der Vernunft. Zur Bestimmung des Gefühls im 18. Jahrhundert. In: Ingrid Craemer-Ruegenberg (Hrsg.) : Pathos, Affekt, Gefühl. Freiburg i. Br. / München 1981. S. 131 ff.

Frege——Gottlob Frege: Funktion und Begriff. In: G. F.: Funktion, Begriff, Bedeutung. Fünf logische Studien. Hrsg. und eingel. von G. Patzig. Göttingen 1962.

Geier——Manfred Geier: Kants Welt. Eine Biographie. Reinbek 2003.

Gerhart——Volker Gerhardt: Vernunft und Leben. Stuttgart 2002.

Goethe——Johann Wolfgang Goethe: Werke. Bd. 1. Hamburg 1948 ff.

Goodman——Nelson Goodman: Weisen der Welterzeugung. Übers. von M. Looser. Frankfurt a. M. 1993.

Habermas——Jürgen Habermas: Theorie des kommunikativen Handelns. 2 Bde. Frankfurt a. M. 1981.

Hegel——Georg Wilhelm Friedrich Hegel: Werke in 20 Bänden. Theorie Werkausgabe. Frankfurt a. M. 1970.

Heine——Heinrich Heine: Geschichte der Religion und Philosophie in Deutschland. In: H. H.: Sämtliche Werke. Bd. 9. München 1964.

Hemminger——Andrea Hemminger: Kritik und Geschichte. Foucaultein Erbe Kants? Berlin/Wien 2004.

Henrich——Dieter Henrich: Der Begriff der sittlichen Einsicht und Kants Lehre vom Faktum der Vernunft. In: Gerold Prauss (Hrsg.) : Kant. Zu seiner Theorie vom Erkennen und Handeln. Köln 1973. S. 223 ff.

Hobbes——Thomas Hobbes: Leviathan (zit. mit Teil, Kapitel, Seitenzahl)

Höffe——Otfried Höffe: Immanuel Kant. München 1983.

Hogrebe——Wolfram Hogrebe: Konstitution. In: Historisches Wörterbuch der Philosophie[HWB]. Basel 1971 ff. Bd. 4. Sp. 992 ff.

Holzhey——Helmut Holzhey: Kants Erfahrungsbegriff. Basel/Stuttgart 1970.

Humboldt——Wilhelm von Humboldt: Werke. Bd. 3: Schriften zur Sprachphilosophie. Darmstadt 1963.

Ilting——Karl-Heinz Ilting: Hobbes und die praktische Philosophie der Neuzeit. In: Philosophische Rundschau 72 (1964). S. 84 ff.

Irrlitz——Gerd Irrlitz: Kant-Handbuch. Leben und Werk. Stuttgart/Weimar 2002.

Jaeschke——Walter Jaeschke: Zur Genealogie des deutschen Idealismus. In: Andreas Arndt/ Walter Jaeschke (Hrsg.) : Materialität und Spiritualität. Philosophie und Wissenschaft nach 1848. Berlin 1999. S. 219-234.

Jauß——Hans Robert Jauß (Hrsg.) : Die nicht mehr schönen Künste. München^{2}1968.

Kaulbach——Friedrich Kaulbach: Immanuel Kant. Berlin 1969.

Keil——Geert Keil: Kritik des Naturalismus. Berlin/ New York 1993.

Keil/Schnädelbach——Geert Keil / Herbert Schnädelbach: Naturalismus. Philosophische Beiträge. Frankfurt a. M. 2000.

Kersting——Wolfgang Kersting: Pflicht«. In: HWB. Bd. 7. Sp. 405 ff.

Köhnke——Klaus-Christian Köhnke: Entstehung und Aufstieg des Neukantianismus. Frankfurt a. M. 1986.

Kühn——Manfred Kühn: Kant. Eine Biographie. München 2003.

Langer——Susanne K. Langer: Philosophie auf neuem Wege. Übers. von A. Löwith. Frankfurt a. M. 1984.

Leibniz——Gottfried Wilhelm Leibniz: Monadologie.

Locke——John Locke: Versuch über den menschlichen Verstand〔Essay on Human Understanding（1689）〕. 2 Bde. Berlin 1962 (jeweils zit. nach Buch, Kapitel, Paragraph).

Marquard——Odo Marquard: Anthropologie. In: HWB. Bd. 1. Sp. 362 ff.

Mittelstraß——Jürgen Mittelstraß: Aufklärung und Neuzeit. Berlin / New York 1970.

Nietzsche——Friedrich Nietzsche: Werke in drei Bänden. Hrsg. von K. Schlechta. München^{2}1960.

Ollig——Hans-Ludwig Ollig (Hrsg.) : Neukantianismus. Texte. Stuttgart 1982.

Pascher——Manfred Pascher: Einführung in den Neukantianismus. München 1997.

Peirce——Charles S. Peirce: Schriften. Übers. von G. Wartenberg. Hrsg. und eingel. von Karl-Otto Apel. 2 Bde. Frankfurt a. M. 1967/1970.

Platon——Platon: Sämtliche Werke. Dt./Griech. Übers. von F. Schleiermacher. Hrsg. von U. Wolf. 4 Bde. Reinbek 1994.

Pries——Christine Pries (Hrsg.) : Das Erhabene. Zwischen Grenzerfahrung und Größenwahn. Weinheim 1989.

Quine——W. V. O. Quine: Two Dogmas of Empiricism. In: W. V. O. Q: From a Logical Point of View. Cambridge 1953.

Rickert——Heinrich Rickert: Kant als Philosoph der modernen Kultur. Tübingen 1924.

Rorty——Richard Rorty: Der Spiegel der Natur. Eine Kritik der Philosophie. Übers. von M. Gebauer. Frankfurt a. M.

1981.

Roth/Singer——Vgl. die Beitäge von Gerhart Roth: »Worüber dürfen Hirnforscher reden - und in welcher Weise?« und Wolf Singer: »Selbsterfahrung und neurobiologische Fremdbeschreibung«. In: Deutsche Zeitschrift für Philosophie 52 (2004). H. 2. S. 223-234, 235-255.

Schnädelbach 1983——Herbert Schnädelbach: Philosophie in Deutschland 1831-1933. Frankfurt a. M. 1983.

Schnädelbach 1991——Herbert Schnädelbach: Philosophie«,. In: Ekkehard Martens / Herbert Schnädelbach (Hrsg.): Philosophie. Ein Grundkurs. 2 Bde. Reinbek [2]1991. S. 37 ff. (Neuausg. 2 Bd. [7]2003.)

Schnädelbach 2000——Herbert Schnädelbach: Unser neuer Neukantianismus. In: H. S.: Philosophie in der modernen Kultur. Vorträge und Abhandlungen 3. Frankfurt a. M. S. 43 ff.

Schnädelbach 2004——Herbert Schnädelbach: Grenzen der Vernunft? Über einen Topos Kritischer Philosophie. In: H. S.: Analytische und postanalytische Philosophie. Vorträge und Abhandlungen 4. Frankfurt a. M. 2004. S. 90 ff.

Schopenhauer——Arthur Schopenhauer: Die Welt als Wille und Vorstellung I. In: A. S.: Werke in 10 Bänden. Zürich 1977.

Singer——Marcus George Singer: Verallgemeinerung in der Ethik. Zur Logik moralischen Argumentierens. Übers. von C. Langer und B. Wimmer. Frankfurt a. M. 1975.

Strawson——Sir Peter F. Strawson: The Bounds of Sense. An Essay in Kant's *Critique of Pure Reason*. London 1966.

Tugendhat——Ernst Tugendhat: Selbstbewußtsein und Selbstbestimmung. Frankfurt a. M. 1979.

Weber——Max Weber: Wissenschaft als Beruf. In: M. W.: Schriften 1894-1922. Ausgew. von D. Kaesler. Stuttgart 2002.

鍵概念

a priori - a posteriori（ア・プリオリ－ア・ポステリオリ）

ア・プリオリとア・ポステリオリ（ラテン語であり、それぞれの意味は、より先のものから、より後のものから）は、感性的経験に関連している。ア・プリオリなものは感性的経験には依存せず、感性的経験によっては論駁できない。

Affektion（触発）

触発（ラテン語 afficio に由来する。[afficio は備える、或る状態や気分に移す。シュネーデルバッハは、behaften mit... としているが、これは疑問である。]）は、外的あるいは内的刺激による作用・影響を経験する意識に関係する。

Analytik-Dialektik（分析論－弁証論）

アリストテレスの論理学の二部門の名称を自由に引き継いでカントは、分析論を「真理の論理学」と規定し、弁証論を「仮象の論理学」つまり疑似論理学と規定している。

analytisch-synthetisch（分析的－総合的）

分析的と総合的は、判断に対して定義されている。つまり、分析判断は、主語概念のうちにすでに含まれているものを述語の内で説明する。一方、総合判断は主語概念に何かを付け加える。

Apperzeption（統覚）

語源を辿れば意識的知覚（die bewusste Wahrnehmung（ラテン語 perceptio））であり、自己意識の別表現である。

ästhetisch/Ästhetik（情感的／感性論（美学））

情感的／感性論（美学）は、カントの場合にはまずは「知覚（ギリシア語 aísthesis）に関係し」、加えて『判断力批判』では趣味判断を特徴づけている。

Dogmatismus-Skeptizismus（独断論－懐疑論）

独断論と懐疑論は、われわれの認識能力について先立って批判的な吟味を行なわずに理説・教義（ラテン語 dogma）を立てる哲学的態度と、これに対立するもので、絶えず懐疑（ギリシア語 sképsis）の状態に留まる哲学的態度との間の対立を特徴づけている。

empirisch-intelligibel（経験的－叡知的）

経験的と叡知的は、認識の客観の相違に関係する。つまり、経験（ギリシア語 empeiría）によってのみ到達可能である認識の客観か、それとも思考（ラテン語 intellectus）によってのみ到達可能である認識の客観かという相違に関係する。

Eudämonismus（幸福主義）

幸福主義は、一つの哲学的立場であるが、これによれば、最高の道徳的価値は幸福（ギリシア語 eudaimonía）に存する。

Idealismus-Realismus（観念論－実在論）

カントの場合には、われわれが認識において物（ラテン語 res）に関するおのれの表象（新ラテン語 idea）にだけかかわっているのであり、これらのものそのものにはかかわらないという説［観念論］と、その反対の見解［実在論］との間の対立である。

Idee（理念）

カントは、当時の哲学的言語使用では諸表象を

「Ideen」と呼んでいるのに、明確にこれに反対し、理性概念である「魂」と「世界」と「神」のためにこの理念という表現を確保している。

Imperativ（命法）

命法は、命令、つまり指定・指令する文言や当為文である。

intuitiv-diskursiv（直観（直覚）的－論証的）

直観（直覚）的と論証的は、カントの場合、われわれが直接的な精神的洞察物を意のままにできるのか、それともわれわれが通過（デュルヒガング）（ラテン語 discurro－あちこち駆け回る）のうちでのみ個々の思考規定によって獲得できるそのようなものを意のままにできるのかという問題に関わる。カントは最初のものを否定する。彼によれば「知的直観」は存在しない。

Kategorie（カテゴリー）

或ることについて何かを述べる（ギリシア語 kategoréo－陳述する）基礎的な仕方をそう呼んだアリストテレスとのつながりで、カントはこの言葉カテゴリーを「純粋な」つまりあらゆる経験にとってすでに根底に存する悟性概念を指す名称として使用する。

kategorisch-hypothetisch（定言的－仮言的）

定言的と仮言的とは、単一の陳述文と、もし…なら、その場合 Wenn...dann 文との違い。命法の場合において、無条件に命じる当為文［前者］とたんに特定の条件下のみ命じる当為文［後者］との違いである。

Kausalität（原因性あるいは因果性）

これは、広義においては引き起こすこと（自然の原因性と自由の原因性）であり、狭義においては経験世界における原因と結果の規則的な結合［因果性］である。

konstitutiv-regulativ（構成的－統整的）

「構成」はカントの場合無規定なもの、つまり感性的な感覚素材を経験の対象へと規定することを意味する。この規定することには、直観形式である空間ならびに時間と悟性概念とが加わっている。理性概念（理念）は、これに対してたんに統整的な、したがって個々の経験を秩序づけ、調整し、組織する機能にすぎない。

Legalität-Moralität（合法性－道徳性）

合法性と道徳性は、或る行為が法則的義務に従っているだけなのか、それとも、その行為が「義務」から、つまり「法則に対する尊敬」だけを根拠に生じるのか、という違いを意味している。

Metaphysik（形而上学）

形而上学は、もともとはアリストテレスの第一哲学の名称であり、この名称は、自然学を越えるもの（ギリシア語 **méta tà physiká**）、したがって存在者そのものの原理を扱う。そして一般に、カントの場合には、形而上学ということによって「たんなる概念による純粋な理性認識」（MAN A 7）が意味されている、したがって、ア・プリオリであり、そのため経験的なものとは違って普遍性と厳密な普遍性という特徴を備えている知が意味されている。

Phaenomenon(on) - Noumenon
（フェノメノン・ヌーメノン）

カントの場合、両者の違いは、現象（ギリシア語 **phaínomai**－現象する）つまり経験的対象［前者］と叡知的なもの、つまり理性（ギリシア語 **noûs**）によってのみ把握できるもの［後者］との違いである。

Rationalismus-Empirismus（合理論－経験論）

合理論と経験論は、理性（ラテン語 **ratio**）が諸表象（**ideae**）や諸認識の自立的源泉であるか否かという争いにかかわる。経験論者はそれを否定し、思考を感性的に与えられたものをたんに使用することと解する。

Synthesis（総合）
総合（ギリシア語 syntíthemi－合成する、統合する、まとめ上げる）は、結合を樹立する。カントによれば、思考の根本機能である。

Teleologie（目的論）
目的論とは、世界が客観的目的（ギリシア語 télos－目標、目的）によって組織され規定されているという理説。

transzendent-transzendental（超越的－超越論的）
超越的と超越論的は、たいてい（ときにはカント自身によって）相互に混同される。根本的な意味は、「超えつつある überschreitend」（ラテン語 trans(s)cendo－越える）ことである。超越的なのは、認識において可能な経験の限界を越え出て、そのためたんに疑似的認識（超越論的仮象）を産出するすべてのものである。これに対して超越論的とカントが呼ぶのは、認識の規定されない対象の探究ではなく、対象に関するわれわれの認識様式、その可能性と限界の探究である。この意味で批判的哲学は「超越論的哲学」である。

年表

一七二四年　四月二十二日　イマヌエル・カント、馬具匠の第四子としてケーニヒスベルクに生まれる。
一七三〇～三二年　城外の養老院付属学校（Hospitalschule）通学
一七三二～四〇年　敬虔主義的フリードリヒ学院通学
一七四〇～四六年　ケーニヒスベルク大学で哲学、数学、自然科学研究。カントは両親の家には住まず、個人教授によって自分の生計を維持した。
一七四六年　最初の出版：『活力の測定に関する考察』。カントは学究生活を送ると決心する。
一七四六～五五年　東プロイセンの異なる家庭で家庭教師生活を送る。
一七五五年　ケーニヒスベルク大学に戻り、マギスターの学位取得。私講師としての教授資格の取得。それ以来種々の領域について講義。その他の発表。
一七六五年　カントは下級図書館員（Unterbibliothekar）として最初の定職を得る。それまでカントは、聴講料によってのみ生活していた。彼に提示された創作の教授をカントは一七六四年に拒んでいた。
一七六九年　カントはイエナ大学とエアランゲン大学への招聘を断る。
一七七〇年　ケーニヒスベルク大学の形而上学と論理学の正教授への招聘。こういうわけで出版されたのが

一七八一年　『可感界と可想界の形式と原理』。この後「沈黙の時期」が続く。
一七八三年　『純粋理性批判』
一七八五年　『学問として出現しうることになる将来の各々の形而上学に対するプロレゴーメナ』
一七八六年　『人倫の形而上学の基礎づけ』
一七八七年　『自然科学の形而上学的原理』
一七八八年　第二版『純粋理性批判』。カントは初めて自分の家に移る。
一七九〇年　『実践理性批判』
一七九三年　『判断力批判』
一七九三年　『たんなる理性の限界内の宗教』。カントはこの著作のため一七九四年に「宗教の事柄」の出版禁止という命令を受ける。
一七九五年　『永遠平和のために』
一七九六年　教授活動終了。それ以来、いわゆる『オプト・ポストムム』の執筆、この内でカントは自然の形而上学から物理学への移行を問題とする。
一七九七年　『人倫の形而上学』
一七九八年　『学部の争い』『実用的見地における人間学』
一八〇〇年　『論理学』（G・B・イエッシェ編集）
一八〇二年　『自然地理学』（E・T・リンク編集）
一八〇四年　カントの身体的ならびに精神的諸力がすでに一七九九年には始まっていた漸次的衰えと一八〇三年の最初の発病の後、二月十二日に死去。二月二十八日に埋葬の儀が取り行われた。

訳者あとがき

絶えることなく繰り返し問われ続けてきた稀有な哲学者がカントである。したがってカントに関する本もきわめて多いのだが、私は本書のように面白いカント本には出合ったことがない。カントの自己評価「無味乾燥な論述」とは真逆の本書は、実にお見事の一言に尽きる。本書はカントが立てた「哲学」の四つの問い「⑴私は何を知りうるのか。⑵私は何を行なうべきか。⑶私は何を希望することが許されるのか。⑷人間とは何か」への応答全部を網羅している。ただし、それらを前面に押し立てずに、直接的には、「学問と啓蒙」「物自体と現象」「感性と悟性」「悟性と理性」「自然と自由」「存在と当為」「義務と傾向性」「道徳と法と政治」「知と信仰」「理性と人間」といった「カントの思考を規定した大きな諸区別を手掛かりとしてカント哲学へと導こうとする」。その際には、形成史も踏まえて綿密かつ詳細にカントの思索をまさに開陳し、それへの同伴を読者に求めるのだが、今日にいたるカント哲学の受容史も織り込み済みのものであるだけに誘いという点では申し分のないものである。

シュネーデルバッハは、カント哲学を「現代の古典」と呼ぶ。彼は、現代文化の特徴である「反省性」「世俗性」「多元性」がそれぞれカント哲学に反映されていると見るのである。したがって、彼によれば、先の四つの問いが今日の哲学的問いであるにとどまらず、このような思想史的文脈でもカントは現代的であり、「カントの答えは彼の発言そのままでわれわれに関係する」とされる。こうであれば、今日「哲学」の門をくぐろうとするならカント哲学を避けて通ることはできない、となるだろう。

シュネーデルバッハのカント案内の特異な一端を見ておこう。シュネーデルバッハは、第二章「批判的理性」の章を「もっとも影響を及ぼし、かつ同時にもっとも多くの議論を引き起こした区別」である「物自体と現象の区別」から始める。現象と物自体の区別は、理論哲学と実践哲学の「接点」でもあり、かつ「ア・プリオリな綜合判断はいかにして可能か」という形而上学の存亡をめぐる課題解決のために求められたものである。ア・プリオリな総合判断は、人間の「有限な理性」にとって可能な経験世界（現象界）でのみ正当化されうる。こうなると、カントは、理性の有限性を突破しようとするドイツ観念論には属さないことになる。この結論だけは、私も同じ見解に達したことがある。「カントとフィヒテの溝」（『フィヒテ研究』第14号、平成十八（二〇〇六）年十一月。これは、前年に、日本フィヒテ協会・日本カント協会共同開催のシンポジウム「知識学と超越論哲学」において提題発表したもの）がそれである。したがって、シュネーデルバッハの「フィヒテからドイツ観念論が始まる」という発言はわが意を得たものであった。さらに、「自由」と「道徳法則」の関係についての説明には感服した。カントは『実践理性批判』の一つの脚注のなかで、道徳法則は自由の認識根拠で、自由は道徳法則の存在（実在）根拠だと語っている。道徳法則の下での「自由」といわれても容易には納得できない、のがカントの「自由」概念なのだが、道徳法則と自由の関係に対応する「為すべし（Sollen）」と「為しうる（Können）」の関係をもとに説かれると、〈為しうること、つまり可能なこと〉と自由とは切り離しがたいだけに、無理なく頷ける。さらに、第四の問いに関連するカント哲学における「人間学」の位置づけについても、通説を退け、明快な理解を提示してくれている。その他本書には、第三批判書『判断力批判』が必要になった理由の説明など、枚挙しきれないほど傾聴に値する内容が込められている。

こういったカント案内だけではない。本書は、わが国における「哲学」の無理解、哲学存亡の危機に対する「啓蒙」にも貢献するにちがいない。かつてこの国でも哲学ブームが起こった時がたしかに存在した。もっともそれは、瞬く間に過ぎ去ったが、それは、本来の「哲学」が根づく基盤がなかったのだから当然であった。わが国には、「空気が読めない」とか「忖度」といった言葉の流行など、哲学や学問との隔たり、隔絶を象徴するものが横行している。また、明治以降ずっと、ギリシアで学問や哲学の誕生にあたって本質的なものであった普遍性や必然性、さらに論理性よりも、「道具的理性」としての学問、つまり、目的にとっての相応する手段を提供できることが学問とみなされ続けてきた。カントの言葉なら「仮言命法」である「道具的理性」が重視されてきた。実はこの平面上でなら、清濁併せ呑む解決策も、また二者択一の選択肢とすべきでないこと、たとえば、好き嫌いの判断と善悪の判断とを、また、個人の行為原理として人権擁護を掲げることと恨みを動機とすることを択一の選択肢とすることもまかり通るであろう。こういった意味で非学問的であることが、わが国に哲学が根づかない原因であろう。ここに、依然として個々人の自立的思考を求める「啓蒙」が、しかも学問的客観性をもちうる形でのそれが欠かせない理由もある。

近年、ＡＩの急激な進展に伴い、将来の哲学衰退予想がまことしやかに語られている。だが、ＡＩは「道具的理性」の役割をみごとに果たすであろうが、人間の「創造力」の代わりを務めること、また共同体の「理想」を提示してくれるものではないであろう。第一章「学問と啓蒙」の章はこういった教訓を伝えるに十分であろう。シュネーデルバッハは最終章で現代の新懐疑主義と新独断主義とに言及している。目下一方には、相対主義的新懐疑主義があり、他方に、脳生理学者による「ニューロ哲学」、新独断主義がある。脳科学は、人間の「自由意志」を否定する方向に向かっている。ベンジャミン・リベットによって、自分が何かをしようと意識するよりも前に脳の活動のほうが先に始まっていることが実証されたと報告されて(下條信輔訳『マインド・タイム——脳と意識の時間』岩波書店(原書は二〇〇四年))、法学の分野などでは議論が絶えないようだ。心を脳に還元し、人間の意志を二次的な、付随的な役割しかもたないものとみなす、いわば反人格主義的傾向を、シュネーデルバッハは「新独断主義」とみなしている。彼はこの状況下で、カントが経験論と合理論を超える「批判的途」を提示したように、あらたな「批判的途」の必要を説く。マルクス・ガブリエルのように、カントを「構築主義」として片付けてしまえるほどカントは軽薄ではない。「批判的途」が再度求められているのが今日であることを本書は示している。

なお本邦訳出版に至るまでには多くの方々のお世話になった。とくに、湯浅正彦先生には今回もたいへんお世話になった。準備段階の拙訳に目を通していただき、本書の値踏みをしていただいたし、かつ、幾多の得難いアドバイスを頂戴した。それは、誤訳訂正、訳語選択などの検討に際して活用させていただいた。また、今回も編集責任者の飯島徹さんには丁寧な仕事をしていただいた。その他、今回の出版に至る途中で、お世話になった多くの方々にこの場を借りて御礼申し上げます。みなさん、どうもありがとうございました。

二〇二三年十月吉日

人文学博士　長倉誠一

Herbert Schnädelbach

1936年生まれ。1965年博士（Dr. phil.）取得。博士論文は『主観的自由に関するヘーゲルの理論』(Hegels Theorie der subjektiven Freiheit, Frankfurt/Main, 1966)。1970年「教授資格」取得。2002年ベルリンのフンボルト大学退官。名著『1831年から1933年のドイツの哲学』（Philosophie in Deutschland 1831-1933, Frankfurt/Main,1983）邦訳『ドイツ哲学史1831―1933』（舟山俊明他訳）法政大学出版局、2009年）他著作多数。著作については「本文引用文献」掲載。
ホームページ：www.schnaedelbach.com

ながくら　せいいち

1952年生まれ。神田の中央大学文学部哲学科卒業。法政大学大学院人文科学研究科博士課程単位取得。武蔵大学で博士の学位取得。博士論文は『人間の美的関心考――シラーによるカント批判の帰趨』（未知谷、2003年）。40年間、武蔵大学の他、日本女子大、立正大、法政大、横浜国大などで教職に従事。その間、2012年度～2014年度には、課題名「シラー、シェリング、ニーチェの自由論――スピノザ受容を軸として――」にて、科研費（日本学術振興会）の資金援助を受ける。著書として『カント知識論の構制』（晃洋書房)、『超越論的批判の理論』（晃洋書房、共編著)。邦訳書として『子どものためのカント』（未知谷)、『哲学の原点』（未知谷）。近年の論文として、「ニーチェのスピノザ受容と自由論」（『武蔵大学人文学会雑誌』第45巻第1･2号、2013年)、「シラーとシェリング――共通点と相違――」（『シェリング年報』第26号、2018年)、「ニーチェの歴史主義批判と自然主義」（『理想』第702号、2019年）など。

現代の古典カント

2023年11月10日初版印刷
2023年11月30日初版発行

著者　ヘルベルト・シュネーデルバッハ
訳者　長倉誠一
発行者　飯島徹
発行所　未知谷
東京都千代田区神田猿楽町 2 丁目 5-9　〒 101-0064
Tel. 03-5281-3751 / Fax. 03-5281-3752
［振替］　00130-4-653627

組版　柏木薫
印刷所　モリモト印刷
製本所　牧製本

Publisher Michitani Co, Ltd., Tokyo
Printed in Japan
ISBN 978-4-89642-713-4　C1010

長倉誠一の仕事

著作

人間の美的関心考

シラーによるカント批判の帰趨

深い海は動いているとき最も崇高に見え、澄んだ小川は静かに流れるときに美しい——詩人は既成枠を越え自ら信ずる感性を礎に思考を重ねた。対峙するカントを批判しつつ、道徳にまで高めたシラーの「美」の本質を明示する労作。

978-4-89642-084-5
336頁3000円

翻訳

ガダマー／ハーバーマス／ヴァイツゼッカー他著
長倉誠一／多田茂訳

哲学の原点

人が生きる上で哲学は何故必要なのか、又哲学とは何か——ドイツで好評を博した長寿番組『今日の哲学』から10の討論・対談を厳選して編んだアクチュアルな、そして専門用語を極力排した、一般の人々に向けての思考のすすめ。

978-4-915841-87-3
288頁2500円

ザロモ・フリートレンダー著

子どものためのカント

カントは道徳性を説教することなく、証明し、根拠づけた最初の人である。感情に左右されず、理性によって理解できる真理としての道徳を、専門用語を使わず、子どもにも分かる言葉で語った一問一答式カント思想のディアレクティーク。

978-4-89642-228-3
176頁1800円

未知谷